KB183480

기획자의 사전

기획자가 평생 품어야 할
스물아홉 가지 단어

트렌드	편지
케이스 스터디	수집
문제 정의	루틴
인사이트	취향
콘셉트	여행
직관	일기
공감	등속
로그라인	의심
레이어	역치
페르소나	호기심
이종교배	크리에이티브
필기구	객관화
기록	성장
데이터	각오
언어	

기획자의 사전

정은우 지음

수오서재

"기획이란 무엇인가"

만화나 소설을 읽을 때 사람들이 무의식적으로 하는 행동이 있다. 주인공을 찾아 헤맨다. 아무도 가르쳐주지 않지만 우리는 이 행동을 한다. 왜일까. 우리는 이미 알고 있는 것이다. 주인공에 나를 투영해야 이 콘텐츠가 재밌다는걸. 그래서 만화책엔 늘 시작과 동시에 주인공을 크게 그려두는 경우가 많다. 작가가 이 인물이 주인공이니 이 캐릭터에 몰입하라고 지시하는 것이다. 영화나 드라마는 조금 다르다. 주인공을 애써 찾지 않아도 된다. 이미 포스터에서 송혜교나 크리스 에반스가 주인공이란 걸 알 수 있으니까.

할리우드에는 콘텐츠에 몰입시키기 위한 대표적인 두 가지 방식이 존재한다. 이른바 마블과 픽사의 방식이다. 대부분 마블 영화 포스터 속 주인공은 위기 상황이라는 묘한 공통점이 있다. 추락하는 아이언맨, 빌런의 촉수에 둘러싸인 스파이더맨의 모습이 그렇다. 주인공을 죽음의 위기로 내모는 이유는 간단하다. 영화를 볼 때면 으레 주인공에게 감정 이입을 하게 된다. 그리고 우리 모두에게 죽음에 대한 공포가 보편적으로 있기 때문에 스파이더맨의 위기를 곧 나의 위기처럼 느낀다. 그 공포를 활용해 관객으로 하여금 영화에 몰입하도록 유도하는 것이다.

픽사는 어떤가. 애니메이션 영화 팬이라면 높은 확률로 픽사 영화 한두 편쯤은 봤을 것이다. '인생 영화' 중에 픽사 애니메이션이 포함된 경우도 더러 있을 테다. 이런 픽사 영화에 꼭 등장하는 장면이 있다. 바로 주인공의 행복했던 어린 시절이다. 〈뮬란〉, 〈모아나〉, 〈인사이드 아웃〉, 〈토이 스토리〉 등 유명 애니메이션에는 하나같이 주인공의 어린 시절이 등장한다. 이런 장면을 넣는 이유는 분명하다. 우리 모두 한때 어린아이였기 때문이다. 이 장면으로 픽사는 영화 속 주인공의 이야기를 관객도 한 번쯤 경험해봤던 이야기로 만든다.

할리우드는 전 세계를 상대로 영화를 판다. 당연히 인종이나 국경 상관없이 사람의 마음을 움직이는 보편적 코드에 관심이 많다. 인간에게 죽음의 공포를 느끼게 하는 마블이나 어린 시절 추억에 잠기게 하는 픽사는 정반대의 이야기를 하는 것 같지만 실제론 같은 이야기를 하고 있는 셈이다.

　　"인간의 마음은 언제 움직이는가."

　영화 제작에서만 중요한 화두가 아니다. 세상의 모든 기획을 정제하고 정제하면 저 한 문장만 남을지 모른다. 기획은 한마디로 '인간의 마음이 언제 움직이는가'를 알아채는 작업이다. 각종 트렌드를 공부하고 광고영상을 제작하며 인사이트를 얻어내는 일련의 과정도 압축하면 결국 '상대의 마음을 내가 원하는 방향으로 움직이고 싶다'에 다름 아니다. 그런데 이게 말처럼 쉬운 일이 아니다. 오죽하면 '진실의 순간'이라며 그럴싸한 별칭까지 붙였을까. 진실의 순간은 헤밍웨이가 1932년 스페인에서 투우 경기를 보고 쓴 에세이 《오후의 죽음》에 등장한 표현인데, 광고마케팅에서 고객이 제품을 구매하겠다고 결심하는 순간을 표현할 때 쓰인다.

　의사결정이 이루어지는 순간은 중요하며 쉽지 않다. 그게 쉬웠다면 지금 당신이 이 책을 읽고 있을 리도 없다. 게다가 세상은 앞으로 온갖 유혹이 넘쳐날 가능성이 더욱 높으니 내 기획으로 사람들의 눈과 귀를 사로잡기는 더더욱 힘들어질 것이다. 내 기획서를 읽어야 할 사람은 있을지 몰라도 내 기획을 좋아해야 할 사람은 세상 어디에도 없다. 고로 기획에서 가장 어려운 건 경쟁 프레젠테이션에서 승리를 거두는 것이 아니라 사람의 마음을 얻는 일이다.

인간은 타인에게 설득당하는 걸 태생적으로 싫어하는 존재다. 심리학에서 말하는 자기통제감이 대표적인 예다. 내 결정에 따라 주변이 움직이면 스트레스가 훨씬 덜하며, 내가 하지 않은 결정으로 나쁜 결과가 나오면 걷잡을 수 없이 화가 난다. 그러므로 기획자라면 설득당하길 본질적으로 기피하는 사람의 마음이 어떤 순간에 움직이는지를 아는 것이 가장 중요하다. 그런 의미에서 흥행 영화감독이나 특종을 터뜨리는 기자는 좋은 기획자다. 그만큼 많은 사람의 마음을 움직였다는 증거니까. 그러나 비단 마음이 움직인 양적 숫자가 중요한 것이 아니다. 가령 봉준호 감독은 아카데미 감독상을 받으며 마틴 스코세이지 감독의 "The most personal is the most creative(가장 개인적인 것이 가장 창의적인 것)"이란 표현을 인용했는데, 이는 '단 한 사람을 위한 기획이 모두를 위한 기획이 된다'는 이 책의 주제와 맞닿아 있다.

《기획자의 사전》은 사실 평소 기획을 배우려는 후배들에게 내가 끝없이 내뱉은 말들을 다듬은 결과물에 가깝다.

가끔은 내가 지금 글을 쓰고 있는 건가, 이야기를 하고 있나 하는 순간도 있었다. 누군가의 마음을 움직이는 게 기획이라는 말을 입버릇처럼 해왔으니 이야기를 들려준다는 심정이어도 괜찮겠다는 생각이 들었다. 이 책에서 소개하는 기획 방식은 정답이 아닐 수 있다. 하지만 처음부터 어떤 정답을 주기 위해 글을 쓰기 시작한 건 아니다. 기획에 대해 다시 생각하는 것만으로도 좋은 기획에 다가갈 수 있지 않을까 하는 의도로 책을 썼다.

신입 사원 시절 기획서를 잡고 씨름하는 나를 보고 늘 "할 만해?"라고 묻는 선배가 있었다. 대부분의 동료들도 "잘 돼가?"라며 걱정해주었지만 '할 만하냐'는 질문을 들었을 땐 조금 다른 기분이 되었더랬다. 글쎄, 그걸 어떻게 표현해야 할까. '잘 되어가냐'는 동료의 질문에는 어딘지 모르게 프로젝트가 주인공인 것 같았다. 반면 '할 만하냐'는 질문은 내가 주인공인 것 같았다. 두 마음이 다르지 않다는 건 나도 잘 안다. 하지만 누구에게도 기댈 곳 없이 막막할 때 인간은 사소한 질문의 차이에서도 위무를 얻는다. 이 책이 그런 역할이라면 충분하지 않을까. 기획이 막막한 이들에게 다가가 "할 만하신가요"라며 안부를 묻고 싶다.

기획자 정은우

1

실무 사전

: 제대로 하기 위하여

1 실무 사전 제대로 하기 위하여

트렌드

: 기획자는 보편적 욕망을 채굴한다

기획을 하다 보면 가장 많이 사용하는 단어 중 하나가 트렌드다. 트렌드 즉, 새로운 것을 적용해 광고를 만들거나 마케팅을 하면 훌륭한 기획이라고 추어올리는 분위기마저 있다. 하지만 트렌드는 기획자들이 가장 많이 오해하고 있는 단어다. 《기획자의 사전》에서 첫 단어로 선정할 만큼 정확한 이해가 필요하다. 트렌드를 네이버 국어사전에 검색하면 이런 정의가 나온다.

'사상이나 행동 또는 어떤 현상에서 나타나는 일정한 방향.'

그러다 보니 대부분의 사람들은 트렌드가 불러올 변화

에 주목하고 그것을 기획에 적용해보려 노력한다. 트렌드를 잘 활용했노라 자족하는 건 덤이다. 일본의 컨설턴트이자《일을 잘한다는 것》의 저자 야마구치 슈와 구스노키 켄의 생각은 좀 다르다. 책에는 이런 문장이 나온다.

"이야기가 시시한 사람은 '지금 이런 예측이 나와 있고, 이런 영향으로 언제쯤까지 이렇게 된다' 하는 식으로 이야기합니다."

중요한 것은 예측이 잘못되었다고 말한 게 아니라, '시시하다'고 표현했다는 것이다. 너무 뻔한 정답이라서 시시하다는 말. 모두가 알고 있는 트렌드를 통해 모두가 예측 가능한 소리를 하는 것은 쌀로 밥을 지었다고 하는 것만큼이나 하나 마나 한 소리일지 모른다. 그러면서 구스노키 켄은 이렇게 덧붙인다.

"이야기가 재미있는 사람이란 '제 생각에는' 하고 이야기를 꺼내는 사람입니다. 언제나 자신의 생각이 먼저 있고 거기서부터 출발하지요."

이 말에 트렌드를 향한 기획자의 자세를 가르쳐주는 힌트가 숨어 있다. 기획자에게 트렌드가 가리키는 방향이나 불러올 유행을 읽어내지 말라는 게 아니다. 하지만 그런 예측은 세상의 모든 기획자가 하고, 정답이지만 너무 뻔해서 시시하다. 시시한 기획이 먹일 리가.

그럼 시시하지 않은 이야기는 무엇일까. 스마트폰이 등장하고 스마트폰에 코를 박고 걷는 사람을 좀비에 비유해 이른바 스몸비Smombie족이 등장했다. '스몸비족 등장으로 인해 무단횡단 사고가 증가할 것이다'라는 예측이 있다고 해보자. 흥미로운가? 미안하지만 '비가 많이 오면 물난리에 대비하자'만큼이나 흥미롭지 않다. 틀린 말도 아니고 귀 기울여 들을 소리인 것은 맞지만, 이런 이야기는 결코 누군가의 마음을 움직이지 못한다. 누구나 할 수 있는 소리이기 때문이다.

반면 '스마트폰의 등장으로 껌 산업의 종말이 가속화된다'거나, '스마트폰의 등장으로 개 물림 사고가 줄어든다'는 예측은 어떤가. 이건 제법 들어보고 싶은 이야기 아닌가. 실제로 일본에서는 몇몇 제과 업체가 껌 산업에서 철수를 선언했는데, 그 이유 중 하나로 스마트폰 중독을 주목했다. 평소에 껌을 구매하는 동선을 생각해보자. 껌을 씹고 싶어 구매하는 경우도 있겠지만 대개는 계산대 매대에서 우연히 보고 그제야 기분 전환용이나 입냄새 제거용으로 구매한다. 하지만 요즘 소비자들은 계산 직전까지 스마트폰을 하고 있으니 껌이 발견될 틈이 없다. 물론 껌 산업 쇠락의 주요인이 스마트폰뿐인 것은 아니다. 대체제도 많아지고, 씹고 버리는 과정의 귀찮음도 원인일 거다. 다만 중요한 건 스마트폰의 증가와 껌 산업의 쇠락이라는 이종 현상을 교배해보는 능력이다.

개 물림 사고 감소도 마찬가지다. 소방청에 따르면 한국의 개 물림 사고가 지속적으로 감소하고 있다. 견주들의 예방 노력이나 코로나 감염병 시기에 외출을 자제했다는 시기적 특성이 없지 않겠으나, 코로나 기간이 2년여 정도였던 것을 감안하면 감소의 원인을 그것만으로 설명하기는 어렵다. 무엇보다 개 물림 사고가 감소하는 것에 비해 반려동물과 함께 사는 인구는 많아졌기 때문이다. 이에 대해 반려동물 전문가 이찬종 소장은 흥미로운 이야기를 들려준다. 개들은 스마트폰에 중독되어 스크린에만 얼굴을 파묻고 지나가는 사람들을 위협적인 존재로 여기지 않는다는 것이다. 실제로 내가 아는 수의사는 스마트폰 도입 이후에 남의 개를 함부로 만지는 행동이 많이 줄었다고 한다.

스마트폰이 도입되었으니 스마트폰이 지배하는 세상을 꿈꾸는 건 상대적으로 어렵지 않다. 하지만 스마트폰이 무엇을 줄이거나 심지어 끝장내는지 예견하기는 어렵다. 왜? 평소에 트렌드를 이런 방식으로 바라보는 것에 익숙하지 않기 때문이다.

트렌드에서 기획자가 우선 읽어내야 하는 것은 단순한 예측이 아니다. 트렌드는 자의든 타의든 자연스레 알게 된다. 알지 못하더라도 매일같이 메일함에 수북하게 쌓이는 트렌드 레터를 통해서도 얼마든지 알 수 있다. 하지만 그건 '내 이야기'가 아니다. 켄의 말대로 '내 생각에는'이라고 시작하는 말꼭지가 중요하다. 그때야 비로소 흥미로운 이야기가 된다.

트렌드를 보고 인간의 욕망이 변했다고 생각하는 사람들이 있다. 하지만 부자가 되고 싶다거나 누군가와 커뮤니티를 맺고 싶다거나, 쉬고 싶다는 식의 인간의 욕망은 급변하지 않는다. 바뀌는 것은 욕망을 자극하는 방식이고, 그 방식의 변화를 우리는 트렌드라고 부를 뿐이다. 약 500년 전에 출간된 마키아벨리의 《군주론》은 오늘날의 현대 이미지 정치에 자주 인용된다.

"모든 사람들이 겉으로만 당신을 볼 뿐, 실제로 당신을 속속들이 아는 사람은 매우 적은 수에 지나지 않는다."

인간의 속성에 관한 한 500년 전이나 지금이나 달라진 게 없다. 마키아벨리의 말은 오히려 과거보다 미디어 정치, 이미지 정치로 심화된 현대에 더 들어맞는다. 인간의 욕망은 변한 게 없다. 다만 욕망을 자극하는 방식이 변한다.

"자기의 존재를 한 사람에게라도 더 알리려는 것이 본능적 욕구라면 그만이지만, 저렇게까지라도 하지 않으면 만족할 수 없다는 것을 보면…. 참 정말 불쌍"하다는 말은 SNS에 중독된 현대 사회의 지독한 자기전시 풍조를 비꼰 듯하지만 1921년에 출간된 염상섭의 《표본실의 청개구리》에 등장하는 말이다. 인간의 자기전시는 그 방식만 변할 뿐 스스로를 드러내고자 하는 욕망은 유구하다. 어디 그뿐인가. 그런 세대를 걱정하는 풍조 역시 그대로다. 이렇듯 인간의 욕망은 쉽게 변하지 않는다. '칭찬받고 싶다'는 인정 욕구나 '맛있는 것을 먹고 싶다' 따위의 희로애락 욕구의 역사는 오래되었으며 현재에도 유효하다. 인간의 보편적 욕망을 무시한 채 트렌드만 반영한 기획이 외면당하는 이유다.

대체유 캠페인을 기획할 때 일이다. 캠페인의 목적은 혁신적 기술로 세상에 없던 맛이 탄생했다는 사실을 알려 한 명이라도 더 음용해보게 만드는 것이었다. 원재료의 우수성이나 제조 레시피 등 제품을 주어로 기획하면 많은 이가 공감하는 기획이 나올까? 업계 관계자가 아닌 이상 별 관심 없이 지나쳐버릴 것이다. 그보다 당신이 마시기를 꺼리는 이유는 맛에 대한 기대가 부재해서가 아니라 실망해서란 걸 안다는 식의 접근이 필요했다. 제품보다 사람이 주어가 되는 방식이며, 개인의 고통을 이해하는 접근이다.

사람의 감정은 보편적이지만 시대에 따라 자극하는 방식이 바뀌고 욕망의 강약도 바뀐다. 과거처럼 배부르고 싶다는 욕망은 변치 않았지만, 지금은 기왕이면 건강하고 맛있는 걸로 배를 채우고 싶다는 니즈가 더 큰 것이 그 예다. 트렌드 이전에 기획자가 알아야 하는 것은 인간 본연의 변치 않는 욕망이며, 좋은 기획자는 트렌드를 통해 고객의 현재 욕망을 읽어내야 한다.

단지 신기한 것을 한두 개 더 아는 것과는 무관하다. 새로운 트렌드는 앞으로도 끊임없이 나타날 것이다. 먼저 말하는 순간 우쭐하게 되는 트렌드에는 언제나 수요가 있으니까. 하지만 이런 트렌드나 신조어는 어디까지나 트렌드로 벌어 먹고사는 사람을 위한 것이지, 최전선에서 가치를 만들어내는 사람이라면 가급적 유행에 섣불리 동조하는 기색을 보이지 않아야 한다. 대신 새로운 사회가 어디서 도래했는지 아무도 언어화하지 못한 것을 투박하게나마 자신의 언어로 표현할 줄 알아야 한다. 적어도 내가 아는 좋은 기획자는 그걸 할 줄 안다. 기획자의 말은 신조어가 아니다.

트렌드의 최전선은 어디일까? 바로 편의점. 우리 주변에서 가장 흔하게 만날 수 있는 트렌드의 최전선이다. 하루가 멀다 하고 트렌디한 제품으로 진열대가 교체되다 보니 한 편의점 업계 관계자는 일주일 휴가만 다녀와도 자사 제품 목록을 다 파악하기 어렵다고 토로할 정도다. 그런데 홍

최전선에서 가치를 만들어내는
사람이라면 가급적 유행에 섣불리
동조하는 기색을 보이지 않아야 한다.
대신 새로운 사회가 어디서 도래했는지
아무도 언어화하지 못한 것을
투박하게나마 자신의 언어로
표현할 줄 알아야 한다.

미로운 점은 단순히 기발한 신제품이 끝없이 등장하는 데 있지 않다. 한 조사에 따르면 편의점을 식료품이나 일상 잡화를 구입하는 마켓이 아니라 플랫폼으로 인식하는 젊은 여성 소비자가 점차 늘어나고 있다. 왜일까? 기획자는 어떤 현상이 등장하면 그 현상을 추동하는 원인, 더 나아가 고객이나 사회의 근본적 욕망까지 발견할 수 있어야 한다. 그걸 '통찰'이라 부르기도 하고 '인사이트'라 부르기도 하는데, 무어라 부르든 그건 중요하지 않다. 중요한 건 그걸 볼 수 있느냐다.

다시 편의점 이야기로 돌아가자. 편의점을 플랫폼으로 인식케 하는 핵심 원인은 '반값택배'에 있다. 반값택배는 분명 집 앞에서 수거해 가는 택배에 비해 저렴하다. 대신 그만큼 편의점에 찾아가야 하는 수고가 든다. 따지고 보면 딱히 저렴한 것도 아니다. 반값택배의 활성화는 당근마켓 등 중고거래 시장 활성화와 관련이 있다. 중고거래는 개인 간의 거래이므로 개인 정보가 노출될 우려가 크지만 반값택배는 이러한 우려가 적다. 이는 여성 1인 가구의 급격한 증가와 여성 1인 가구 범죄 증가와 무관치 않다. 실제로 여성을 대상으로 한 소비자 분석에서 가장 많이 나타나는 반값택배 이용 사유가 '사생활 보호'였다.

반값택배 열풍의 원인에 고물가의 역할도 없지 않을

것이다. 하지만 그것이 전부라고 결론 내는 건 기획자의 자세가 아니다. 반값택배라는 유행 하나에도 1인 가구 범죄 증가라는 사회적 현상과 사생활 보호라는 개인의 욕망이 포개져 있음을 알아차려야 한다. 반값택배가 유행이라는 이유만으로 경쟁사 택배들이 가격만 싸게 낮춰서는 안 되는 이유가 여기에 있다.

택배는 그저 물건을 옮겨주는 일에 불과하다 여길지 모르지만 여기에도 인간의 다양한 욕망이 존재한다. 일본 여행 중 고양이 엠블럼으로 유명한 야마토 택배를 길거리에서 흔히 볼 수 있다. 야마토 택배는 택배원을 뽑을 때 자영업 경력을 가진 사람에게 높은 가산점을 준다. 택배만큼 고객의 마음을 잘 헤아려야 하는 서비스업이 없다는 판단이다. 가령 이런 식이다. 고객이 야마토 택배를 통해 무거운 탁자 배송을 부탁했다 치자. 이때 주문자가 노인이면 야마토 택배원은 묻지 않고 택배를 집 안까지 옮겨준다. 하지만 주문자가 여성이면 고객이 먼저 요청하지 않는 이상 결코 집 안으로 들어가지 않는다. 업계 부동의 1위를 지키는 데는 이렇게 고객 니즈 중심의 사고가 한몫한다. 개인의 욕망을 보는 것, 누가 뭐라 해도 기획이다.

꼭 이런 소비자 분석을 해야 하는 것은 아니다. 일상에서 만나는 다양한 변화에도 원인이 있다고 생각하고 바라보는 습관이 필요하다. 지하철은 많은 사람이 매일 이용하는 대중교통이지만 지하철 내부에 짐칸이 사라지고 있다는 사실을 눈치채는 사람은 많지 않다. 특히 최신 모델의 객차일수록 그렇다. 이는 최근 대두되고 있는 지하철의 고질적 운영 적자와 관련이 깊다. 운영 상태를 개선해야 하는 지하철 회사 입장에서는 광고 유치가 매우 중요하다. 객차 내 광고도 그중 하나지만 최근 스마트폰 보편화 이후 광고 주목도가 현저히 떨어진 상태다. 거기에 짐칸에 올려놓는 짐들도 주목도를 방해한다. 당연히 광고주들에게 광고매체로써 지하철은 매력이 떨어질 수밖에 없고, 이는 다시 지하철의 적자로 연결된다. 짐칸이 사라지는 이유는 복합적이겠지만 여기에 만성 적자도 하나의 이유라는 사실을 읽어내는 것이 기획자가 지녀야 할 통찰이다.

안다. 일상의 모든 걸 분석하듯 사는 게 얼마나 피곤한 일인지. 하지만 기획자로 산다는 게 그렇다. 광고기획이든 공연기획이든 그게 무엇이든 그 일은 명함이 완성해주지 않는다. 성인들이 주로 오는 갤러리에 그림이 낮게 걸려 있다면 전시 경험이 별로라고 생각하기 이전에 '아, 어린이나 휠체어를 사용하는 장애인을 배려한 설치구나'라고 깨달을 수 있어야 한다. 그리고 이를 통해 비장애인의 생활 환경에 장애인이 맞추는 것이 아닌 장애인의 신체에 사회를 맞추는 페이션티즘Patientism이나 약자에게 좋은 것이 모두에게 좋은 것이란 유니버설 디자인Universal Design의 필요성에까지 가닿을 수 있어야 한다(원래 장애인용으로 개발되었지만 이젠 모두에게 당연한 차량 자동변속기가 대표적 유니버설 디자인이다).

역시, 안다. 말처럼 쉽지 않은 거. 그런 이에게는 늘 인사이트 채굴을 위해 빠른 트렌드 수집과 함께 고전도 소비해야 한다고 말한다. 사실 다른 길이 없다. 가령, '더 잘 살기 위해 어떻게 해야 할까?', '나는 어떻게 살 것인가?' 같은 질문은 시대를 초월한다. 그러는 동안 전쟁도 일어났고, 감염병도 돌았으며 지금보다 더 혼란스럽고 어지러운 상황도 수없이 있었다. 그래도 질문은 계속 이어지고 있다. 영원히 해소되지 않는 궁금증이기 때문이다. 박경리도, 류이치 사카모토도, 아리스토텔레스도 모두 똑같은 질문을 마주했지만 그들의 답은 모두 달랐으며, 표현도 달랐다. 시대에 따라서, 국가나 사회에 따라서, 개인이 놓여 있는 상황에 따라서 답은 모습을 바꾸지만 '질문'은 늘 변함없으며, 그 질문에는 인간의 보편적 욕망이 담긴다. 기획자는 이 질문을 통해 인간의 보편적 욕망을 채굴할 수 있어야 한다.

트렌드를 쉽게 자각할 수 있는 자명한 것이라 여기는 경향이 있다. 일정 부분 사실일 수 있지만 그게 전부는 아니다. 나쁜 기획자는 트렌드를 베끼지만 좋은 기획자는 그 속에서 욕망을 찾으려 한다. 영원한 것은 없기에 트렌드는 변한다. 인간은 어느 순간 '과연 이것이 내게 필요한가'라는 의심을 하기 마련이다. "결혼이란 제도가 꼭 필요할까?", "가솔린이 꼭 필요해? 아니, 차가 꼭 필요해? 아니, 면허라는 게 꼭 필요해?"처럼. 이 변화의 순간을 놓치지 않는 것이 기획자가 할 일이다. 당연한 것에 의심을 품는 순간 기획자에게 기회가 찾아온다.

케이스 스터디

: '왜'를 묻지 않는 자료 조사는 실패한다

'케이스 스터디'는 트렌드만큼 기획자가 많이 사용하는 단어다. '레퍼런스'라 부르기도 하고, '벤치마킹'이라 부르기도 하는데, 앞에 놓인 과제를 사례 중심으로 공부하는 일을 말한다. 목적은 대부분 타인이 먼저 걸어갔던 길을 타산지석 삼거나 반면교사 삼기 위함이다. 그런데 여기에 기획자가 잘 빠지는 함정이 있다.

태평양 전쟁 당시 미 해군은 일본에 비해 전투력이 매우 열세에 놓여 있었다. 특히 자국 전투기들의 피해가 막심했는데, 미 해군은 자국 전투기 격추율을 줄이기 위해 다방면으로 노력했다. 그중 하나가 생환한 전투기의 '피탄부위

분석'이었다. 말 그대로 어디에 총탄을 맞았는지 들여다보고 그 부위를 집중 보강하자는 아이디어였다.

분석 결과, 중앙 몸통과 꼬리 날개에 총탄이 집중된 것으로 나타났고, 미 해군은 해당 부분을 전면 보강하기로 결정한다. 당연할 것 같은 이 결정에 헝가리 출신의 학자 아브라함 월드Abraham Wald가 그렇게 해서는 미 해군 조종사를 살릴 수 없다고 반박했다. 그는 생환 전투기가 총탄을 맞은 부위보다 맞지 않은 부위를 보강해야 한다고 주장했다. 이유는 간단했다. 이 분석은 모두 생환한 비행기를 대상으로 실시되었기 때문이다. 추락한 비행기는 어디에 총탄을 맞은 것인지 알 수 없고, 살아 돌아오지 못한 비행기들은 우리 통계에 잡히지 않는 부위에 총탄을 맞았기에 살아 돌아오지 못했을 확률이 더 높다는 주장이었다. 태평양 전쟁에서 실제로 있었던 이야기다.

비슷한 예로, 2000년대 초반 짐 콜린스Jim Collins의 《좋은 기업을 넘어 위대한 기업으로》는 한국 기업 임원의 필독서였다. 이 책은 위대한 성공을 이끈 열한 개 기업의 비법이 소개되어 있다. 그런데 20년의 세월이 흐른 지금은 어떨까. 책에 소개된 열한 개 기업 중 여섯 개 기업이 도산하거나 사실상 국유화되었다. 위대한 기업 중 하나로 소개된 패니메이 은행이 좋은 회사에서 위대한 회사로 도약할 수 있었던 가속 페달을 이 책에서는 이렇게 설명하고 있다.

"담보 리스크를 보다 정확하게 평가하기 위한 정교한 알고리즘과 컴퓨터 분석의 선구적인 응용. 이를 통해 경제 기준인 리스크 수준당 수익을 늘린다. '보다 영리한' 리스크 분석 시스템이 저소득층에도 집 담보 대출을 받을 수 있게 하고, 주택 소유를 대중화한다는 열정도 갖게 만든다."

하지만 놀랍게도 패니메이는 저 방식 때문에 2008년 악몽과도 같았던 미국발 금융 위기의 주범인 서브프라임 모기지 사태의 촉발 요인 중 하나가 되었다. 그런 기업에게 칭찬도 부족해 '위대한 기업'이라는 작위(?)까지 수여한 것이다. 짐 콜린스의 실수는 딱 하나다. 유사한 방식을 쓰고도 실패한 수많은 다른 기업의 사례는 외면한 것. 이처럼 살아남은 기업에서만 성공 사례를 분석하는 생존편향Survivorship bias은 마케팅이나 기업 경영에서 매우 흔하게 일어나는 실패 방식이다.

기획에서 어떤 문제를 해결하려고 할 때 가장 먼저 자료 조사를 한다. 대부분은 몇 가지 희귀한 성공 사례만 조사하는 경우가 많다. 조금만 둘러보면 같은 방식을 쓰고도 실패한 사례가 지천이지만 성공 사례가 보여주는 그럴싸한 방식에 매몰되어 진짜 해결해야 하는 문제를 놓친다.

기획을 하다 보면 자연스레 경쟁사의 성공 사례를 모으는 경우가 많다. 당연히 해야 할 일이다. 하지만 경쟁사의 성공 사례만 모으다 보면 생존편향에 빠지게 된다. 언젠가 한 페인트 회사의 플래그십 스토어 경쟁 입찰에 참여했을 때 일이다. 모두가 성공한 플래그십 스토어나 팝업 스토어 사례를 가져올 것이라 예상했던 나는, 팀원들에게 오픈 당시 유행 아이템이 많아 시끌벅적했으나 지금은 선도가 떨어져 아무도 찾지 않는 썰렁한 사례를 찾아보라고 지시했다. 놀랍게도 한두 군데가 아니었다.

지금 잘나가는 공간의 성공 비결을 따라 하는 것도 중요하지만 같은 방식을 쓰고도 실패한 브랜드가 훨씬 많기 때문에 단순히 따라 하는 것만으로는 막대한 예산이 투입되는 이 프로젝트를 성공시킬 수 없다는 이야기로 프레젠테이션을 시작했다. 우리 팀은 클라이언트에게 그들에게 없었던 것이 무엇인지를 이야기했고 보기 좋게 프로젝트를 따올 수 있었다. 인간은 성공에 대한 기대도 크지만 반대로 실패에 대한 두려움도 큰 존재다. 감언이설로 청사진을 그려줄 수 있겠지만 그건 모든 경쟁 업체가 똑같이 이야기하는 방식이었을 것이다. 오히려 실패에 대한 두려움에 깊이 공감한다고 서두를 열며 시작한 우리의 프레젠테이션은 생존편향에 빠진 다른 경쟁 업체와 분명 달랐다.

PR에이전시 프레인Prain 여준영 대표가 한 언론과의 인터뷰에서 "보통의 기획자가 남의 사례를 조사하는 이유는 그 사례를 조사 기획서에 담기 위함이고, 뛰어난 기획자가 남의 사례를 조사하는 이유는 그 사례들이 자기 기획서에 들어 있지 않게 하기 위함이다"라고 한 것도 같은 맥락이다.

저출생 공익광고를 준비할 때 저출생은 심각하고 고질적인 한국 사회 과제이다 보니 관련 논문이나 기사가 차고 넘쳤다. 다양한 원인 분석만큼이나 해법도 다양해서 그중 하나를 소재로 광고를 만들면 되겠다는 유혹에 빠지기 십상이었다. 하지만 그리 단순한 해결책으로 문제 해결에 가닿을 수 없다. 가령 한국 사회에서 출생률 1위는 전남 영광이다. 이 자료만 보면 영광군의 결혼장려금과 취업지원금, 대출이자 지원 제도가 해답인 것처럼 보인다.

하지만 자료 루트를 조금만 더 다양하게 파보면 그렇게 아이가 많이 태어나는 영광군에서 마지막 산후조리원이 폐원했다는 기사도 접할 수 있다. 지원금 때문에 일시적으로 출생률이 높아졌지만 정작 산후조리원이나 소아과에서 일할 인력이 없다. 이런 자료를 접하면 단순하게 혜택 중심의 지원 제도에 한계가 있다는 걸 알게 되고, 지원 제도만 강조하는 홍보의 실효성을 의심할 수 있다. 이와 같은 정제 과정이 있어야 문제의 핵심에 가닿게 된다.

자료 조사를 할 때 적절한 해답이 외부 어딘가에 있을 테니 거기서 좋은 것을 찾아내면 된다고 생각하는 사람이 있다. 나태한 생각이다. 그런 사람에게 인터넷은 그야말로 하늘이 내려준 최고의 도구다. 자료 조사를 위해 PC나 스마트폰부터 켜는 버릇을 나무랄 수는 없다. 기술의 발전이 인간의 사고를 그렇게 유도한 측면이 분명 있기 때문이다.

문제는 이런 식의 자료 조사는 '앞으로 이렇게 될 것'이란 결론으로 귀착한다는 데 있다. 대부분의 트렌드 도서가 비슷하다. 하지만 미래는 예측 불가능하다. 예측 가능하다 해도 누구나 예측 가능한 미래에 어떤 의미와 시장 가능성이 있을 수 있을까? 시장 가치는 예측할 수 없는 미래에 베팅할 때 발생하는데, 역설적이게도 예측할 수 없는 미래는 어떻게 해도 예측할 수 없다. 중요한 건 외부에서 무엇을 찾을 것인가(what) 혹은 어떻게 찾을 것인가(how) 따위가 아니다. 가장 중요한 건 왜 찾는가(why)다.

자료 조사가 막막한 이유는 이 자료가 도대체 어디에 쓰일지 알지 못하고 그저 조사를 위한 조사를 하기 때문이다. 자료 조사의 이유를 깨닫게 되면 어디서 무엇을 찾아야 하는지 구체적으로 말하지 않아도 알아서 찾을 수 있다. 이 프로그램을 쓸 줄 알아야 한다든가, 이 라이센스가 필요하다른가 하는 식의 강조는 큰 의미가 없다. 왜 이 자료가 필요한지, 무엇을 증명하기 위함인지 아니면 지금까지의 믿음을 균열내기 위함인지 등 이 작업을 통해 궁극적으로 만들어내야 하는 '결과'가 무엇인지 깨달아야 한다. 어떤 기획을 하든 매우 중요한 자세다.

자료를 모을 때 필요한 자세가 또 있다. 바로 이 자료가 무엇을 말하는지 자기만의 결론을 내려보는 습관이다. MBTI나 탕후루가 유행하는 건 하나의 현상일 뿐이다. 현상은 아무것도 말해주지 않는다. 사건과 현상에는 그걸 추동하는 원인이 있다. 개인의 욕망일 수도 있고 시대의 흐름일 수도 있다. 남들보다 먼저 아는 것을 대단한 경쟁력으로 아는 사람들이 있지만 요즘 같은 시대에 조금 먼저 아는 것과 조금 늦게 아는 것의 편차는 그다지 크지 않다. 빠르게 아는 것이 아니라 다르게 인식하는 것이 중요하다. 이종의 성공이나 동종 업계의 실패 사례까지 볼 줄 알아야 한다. 다르게 볼 줄 안다는 것은 그런 것이다.

문제 정의

: 기획은 제대로 된 문제 정의에서 시작한다

문제 정의는 기획의 목적 중 하나다. 아마 기획자에게 가장 중요한 단어일지 모른다. 그런데 정책이든 마케팅이든 기획에서 가장 중요한 것을 문제 정의가 아닌 '문제를 해결하는 아이디어'라고 생각하는 사람이 많다. 틀린 말은 아니지만 아이디어에만 천착하는 방식으로 문제가 해결되는 경우를 나는 본 적이 없다. 특히 앞서 케이스 스터디에서 언급했다시피 성공 사례만 답습해서 생존편향에 빠진 방식으로 해결된 문제는 더더욱 없다. 그보다 '지금 이 문제가 해결되지 않는 진짜 원인' 즉, 제대로 된 문제 정의가 핵심이다.

2019년 볼보 자동차는 교통사고 발생 시 여성이 남성에 비해 더 많이 다치고 사망률도 높다는 점에 주목했다. 대부분은 여성이 체력적으로 약하고 운전에 미숙해서 그럴 거란 편견이 있었지만 볼보는 '과연 그럴까?'라고 생각했고, 충돌 테스트에 사용되는 마네킹이 모두 성인 남성 기준으로 제작되었기 때문이라는 '진짜 문제 원인'을 발견한다. 유명한 볼보의 이바E.V.A 캠페인이다. 볼보는 이후 여성 운전자의 사고 사례와 충돌 테스트 자료를 분석해 전 세계에 공유하겠다고 선언했고, 이 캠페인으로 칸 광고제에서 큰 상을 받았다. 게다가 안전에 있어서 여느 경쟁사가 따라올 수 없는 이미지를 구축했다. 생각해보면 대단한 아이디어랄 게 없다. 그저 남성과 동등한 여성안전권을 위해 여성 마네킹을 제작하겠다는 것이 전부다. 하지만 이 캠페인은 우리가 지금까지 보지 못했던 새로운 문제 정의 하나로 세상을 놀라게 했다.

한 물류 회사가 신선 식품 배송을 시작한 후 가장 많은 고객 민원 접수 품목이 달걀이었다. 달걀 파손으로 인한 재배송은 회사에서도 큰 손해라 충전재를 보강하기도 하고, 취급주의 스티커를 붙이기도 했지만 민원은 줄어들지 않았다. 문제는 의외로 간단히 해결되었다. 달걀 파손이 결국 바쁜 배송 기사들이 다른 택배처럼 상자를 거칠게 다루기 때문이란 걸 발견한 후 상자에 아주 크게 '달걀 깨짐 주의'라고 인쇄했고, 그것만으로도 파손 민원이 큰 폭으로 감소했다. 좋은 의사는 치료법 이전에 병의 원인을 명확히 짚어낸다. 기획도 마찬가지다.

"갈등이 어디서 발생하는지 정확히 꿰뚫어 볼 수 있는 사람."

내가 생각하는 현대 사회가 가장 귀하게 여겨야 하는 인재다. 지금은 갈등을 이용하려는 사람들과 갈등에 답을 주겠다는 사람들뿐이다. 현대 사회는 해법의 과잉 상태이자 문제의 희소 상태다. 답을 주겠다는 사람은 넘쳐난다. 그러다 보니 인공 지능 기술 관련주들의 가격은 날이 갈수록 떨어지고 있다. 반면 기술의 상대 가치는 더욱 범용화되고 비용도 저렴해질 것이다. 즉, 사회에서 그 누구도 눈치 채지 못한 문제를 찾아내고 새롭게 정의내리고 해결할 사람과 그의 감각은 앞으로도 높은 가치가 유지될 것이다.

물론 제대로 된 문제 정의는 쉽지 않다. 그런 점에서 기획자는 계속 의심하며 문제가 해결되지 않는 진짜 원인을 찾을 수 있어야 한다. 지금 내가 문제의 원인을 너무 쉽게 정의한 것은 아닌지 의심할 줄 알아야 한다. 너무 쉽게 정의된 문제에서 결코 좋은 기획이 나오지 않는다. 애니메이션 제작사 픽사의 원칙 중 한 가지는 '처음 떠오른 아이디

너무 쉽게 정의된 문제에서

좋은 기획은 결코 나오지 않는다.

기획자라면 내가 문제의 원인을

너무 쉽게 결론내린 것은 아닌지

의심할 줄 알아야 한다.

어를 쓰지 않는 것'이다. 김은희 작가도 한 예능 프로그램에서 "쉽게 써지는 것들을 믿지 않는다"라며 비슷한 이야기를 했다. 앞서 예를 든 살아 돌아온 전투기를 분석해보자는 발상은 누구나 떠올릴 수 있지만 그런 쉬운 문제 정의에서 출발한 아이디어로는 추락한 전투기도, 추락할 전투기도 살릴 수 없다는 걸 명심해야 한다.

제대로 된 문제 정의는 내가 몸담고 있는 광고마케팅 영역에서 특히 중요하다. 한때 넷플릭스의 경쟁자가 화제가 되었던 적이 있다. 일반적으로 넷플릭스의 경쟁자가 어디냐는 질문에 떠오르는 답은 유튜브나 티빙 같은 다른 영상물 제공 서비스들이다. 하지만 넷플릭스는 자신의 경쟁자를 '잠'이라고 정의했다. 조금만 생각해보면 잠은 너무 당연한 경쟁자다. 잠을 이길 정도로 흥미로운 콘텐츠가 증가하면 넷플릭스를 보는 사람이 증가할 것은 자명하다. 이는 넷플릭스의 핵심 성과 지표KPI를 알면 보다 더 쉽게 이해된다. 넷플릭스의 KPI는 체류 시간이다. 얼마나 오래 넷플릭스 사이트에 머물렀나를 가지고 성과를 판단한다. 이쯤 되면 왜 이들이 다른 영상 서비스가 아닌 잠이 진짜 경쟁 상대라고 이야기하는지 알 수 있다.

모든 브랜드의 꿈은 개중에 나은 브랜드가 되는 것이

아니다. 우리 브랜드와 나머지의 구도가 되는 것, 이것이야 말로 모든 브랜드의 꿈이다. 넷플릭스처럼 경쟁자를 새롭게 정의 내려보는 것만으로 브랜드나 조직이 나아가야 할 진짜 목표(넷플릭스의 체류 시간), 그리고 그 목표를 가로막는 진짜 허들(차라리 더 자겠다는 마음)을 만날 수 있다. 문제 정의가 단순히 인터넷 검색 몇 번에 그쳐선 안 되는 이유다.

예를 하나 더 들어보자. 아쿠아리움은 공간 특성상 가족 단위 관람객이 많다. 젊은 고객의 방문은 그에 미치지 못해 매출 확장을 위해서 젊은 고객을 사로잡아야 한다. 거의 모든 아쿠아리움의 고민이다. 문제를 해결하기 위해 국내외 다양한 아쿠아리움 사례를 분석하는 것도 도움은 되겠지만 경쟁 상대를 제대로 규정하는 것부터 시작해야 한다. 젊은 소비자가 수족관 대신 가는 곳, 가령 성수동이나 익선동 혹은 야구장이나 힙한 전시회가 아쿠아리움의 경쟁 상대가 되어야 한다. 실제로 서울의 한 아쿠아리움 홍보 전략을 기획하며 접근했던 방식이다.

마찬가지로 기획회의에 앞서 회의에 관해 근본적인 정의를 해보는 것이 필요하다. 회의에서 중요한 것은 회의 방식이 아니다. 회의에 대한 정의를 구성원이 합의하는 것이다. 하지만 대부분의 기획자는 회의라는 단어의 의미를 오래 생각하지 않는다. 의외로 결론이 쉽사리 도출되지 않는 회의는 구성원 간에 회의를 대하는 마음부터 다른 경우가 많다. 어떤 이에게 회의는 사전에 명확히 설정된 의제를 가지고 짧게 끝내는 것이다. 이들은 업무 대부분이 회의실 바깥에서 일어나는 직군이고 그래서 회의의 유일한 기능은 최종 결정을 내리는 것이며, 회의에서 필요한 건 오로지 리더의 결정이라 여긴다. 따라서 그들에게 회의는 열리는 것일 뿐, 일한다는 의미가 상대적으로 적다.

하지만 누군가에게는 '회의'와 '일한다'는 같은 개념이다. 이들은 업무 시간의 상당 부분을 사무실과 회의실에서 보내는 직군이다. 의제는 회의 시간에 만나서 정한다고 생각하고 정보는 수평적으로 교환되어야 하며 리더보다는 다수를 중심으로 결정해야 한다고 생각한다. 이처럼 어떤 이는 회의를 '결정하는 자리'라 생각하고, 어떤 이는 회의를 '합의하는 자리'라고 생각한다면 회의 과정 자체가 지난해진다. 전자에게 회의란 일의 결과를 논의하는 자리지만 후자는 합의가 필요한 업무라고 여기기 때문이다. 당연히 그 중간 어디쯤이라 생각하는 사람도 있다. 그렇기에 구성원간 회의에 대한 통일된 정의는 회의를 진행하는 방식만큼이나 중요하다. 어떤 회사는 회의를 '다른 생각을 가지고 모여, 같은 생각을 가지고 나가는 것'이라고 정의하기도 하는데, 회의를 합의라고 생각하는 쪽에 가깝다. 어느 회사의 기획팀에겐 회의란 다음 할 일의 결정 과정이기도 한다. 요컨대 회의 방식과 결과물, 회의에 임하는 구성원의 모습은 회의에 대한 정의와 합의가 결정한다.

안경을 쓰고 얼굴 한쪽을 손으로 가린 포즈로 유명한 이탈리아 디자이너 아킬레 카스틸리오니 Achille Castiglioni 는 디자인 전공자에게는 우상에 가깝지만 일반적으로 모두가 아는 수준의 디자이너는 아니다. 하지만 카스틸리오니의 작품인지 몰랐을 뿐 이미 독자들이 한번쯤 접해본 적이 있다. 바로 조명을 켜고 끌 때 사용하는 똑딱이 스위치다. 전 세계에 1억 8천만 개 이상 판매된 이 스위치는 아류작까지 고려하면 몇억 개가 판매되었을지 셀 수도 없다. 인류사에 길이 남을 디자인을 하고도 디자이너의 이름조차 모르는 데는 카스틸리오니의 디자인 철학과도 관련이 있다.

'디자이너의 이름조차 기억하지 못할 정도로 사람들의 필요에 딱 맞아떨어지는 디자인.'

이것이 카스틸리오니의 디자인 원칙이다. 모든 디자인은 소비자의 문제 정의에서 출발해야 한다는 뜻인데, 그런 점에서 그는 훌륭한 디자이너이자 멋진 기획자였다. 어차피 모든 기획은 인간의 문제로 귀착되니 애초에 둘은 떨어질 수 없는 관계다.

인사이트

: 고통과 욕망을 읽어내는 눈

현대 미술은 대상을 충실하게 묘사하기보다 새로운 관점으로 해석하고 재현한다. 살바도르 달리나 르네 마그리트의 작품이 그렇다. 세상을 포착하고 재구성하는 방식이 유머러스하다. 인사이트는 기획자가 가장 흔하게 듣는 단어지만 명확하게 정의내리는 것이 대단히 어렵다. 나 같은 경우 인사이트를 '개인의 욕망을 읽어내는 눈'이라고 정의한다.

출근길에 패션 쇼핑몰을 검색하고 있는 직장인이 많다(실제로 출퇴근 시간에 패션 쇼핑몰 트래픽이 증가한다). 단순하게 자투리 시간을 이용하려 하나 보다 생각할 수 있겠지만 기획자라면 한 단계 더 호기심을 가져야 개인의 욕망을 파악할 수 있다. 가령 정장처럼 매우 격식 갖춘 옷을 입은 직장인이 캐주얼한 옷이나 모자를 검색하고 있다면 그는 평소 개성을 억압받고 있어 스스로를 드러내고자 하는 욕망이 있을지 모른다. 자유로운 복장이지만 매우 피곤한 얼굴을 하고 있는 사람이 값비싼 운동화를 검색하고 있다면? 소득은 남부럽지 않지만 딱히 소비할 시간이 없어 소유로 노동의 보상을 얻으려는 사람일 수 있다. 당연히 둘 다 정답이 아닐 수 있지만, 인간의 욕망을 보는 눈은 그 지점에서부터 시작한다.

사람의 마음을 움직이는 가장 중요한 동인에는 욕망도 있지만 두려움도 있다. 조직 문화와 관련된 콘텐츠를 준비할 때 '제4차 산업혁명 시대 후배 개발자들과 잘 소통하는 법'이라는 카피보다 '후배 개발자들이 당신 없는 곳에서 무슨 이야기를 할까요?' 같은 제목이 더 끌린다. 당신 뒤에서 무슨 이야기를 하는지 아느냐는 질문은 뒷담화라는 두려움을 자극하기 때문이다. 요컨대, 인사이트란 개인의 고통과 욕망을 읽어낼 줄 아는 눈이다.

가구 브랜드 이케아와 토요타의 프리우스는 인사이트를 잘 읽어낸 사례. 이케아는 고객을 골탕 먹이려고 조립형 가구를 판매하는 게 아니다. 가구를 스스로 조립함으로

써 합리적 가격에 구매할 수 있었다는 구매 합리화와 더불어 내가 어렵게 조립했으므로 기성품이 아닌 '내 것'이라는 브랜드 애착이 생기기 때문에 일부러 조립형 가구를 판매하는 것이다. 가치는 똑같지만 '내 노력이 들어간 것을 더 가치 있다'라고 착각하는 인지부조화를 이케아 효과 IKEA Effect라 부르는 이유다. 누군가에게 내가 가진 복권 용지를 판매하는 실험을 하면 인간은 자동 번호보다 내가 선택한 번호가 매겨진 복권을 더 비싼 가격에 판매하길 희망한다. 하지만 사는 사람 입장에서는 자동 번호든 수동 번호든 당첨 전의 복권의 가치는 동일하다. 이케아 효과의 대표적인 사례다. 그래서 행동경제학에서 이케아 효과를 소유 효과 Endowment Effect라고도 부른다. 진화심리학에서는 이런 특성이 원시 사회에서부터 이어졌다고 주장한다. 어렵게 얻은 먹이를 더욱 맛있게 느끼도록 진화했기 때문에 인간은 맛없는 식재료도 맛있게 먹을 수 있게 되었고, 인류의 생존 가능성을 높였다는 것이다.

　프리우스는 토요타의 대표적인 친환경 하이브리드 엔진 자동차다. 실제로 환경 보호 의식이 높은 도시에서 프리우스의 판매량은 월등히 높다. 흥미로운 점은 프리우스 말고도 하이브리드 엔진을 장착한 친환경 차량은 얼마든지 있다는 것이다. 심지어 경쟁사는 프리우스를 이기기 위해 더 저렴한 하이브리드 모델을 출시했다. 그럼에도 사람들은 프리우스를 구매했다. 이유는 의외로 단순했다. 경쟁사의 자동차는 가솔린 모델과 하이브리드 모델의 외관이 똑같아서 운전자가 아닌 이상 그 차이를 알 수 없다. 그런데 프리우스는 하이브리드 모델이 하나뿐이다. 다른 사람이 '저 사람 친환경 차량을 타는구나' 하고 알아볼 수 있다. 프리우스 이펙트다. 자신이 믿는 가치도 중요하지만 타인에게 자신의 가치를 과시할 수 있다면 비록 비용이 좀 더 들더라도 기꺼이 과시를 선택한다. 이케아와 프리우스 사례에서 보듯 성공한 브랜드는 인간 본연의 욕망을 잘 발라내서 자극하는 게 더 중요하다는 걸 알고 있다.

욕망을 읽어내는 눈과 더불어 나만의 시선을 갖추는 것도 인사이트의 중요한 요소다. 나만의 인사이트, 이것을 나는 '칼리스토Callisto'라 부른다(내가 지어낸 말이니 여러분은 어떻게 부르든 상관없다). 칼리스토는 목성 주변의 위성을 가리키는 단어다. 태양계에서 가장 큰 목성은 누구의 눈에든 띌 수밖에 없지만 목성 주위의 작은 위성까지 챙겨 보는 사람은 없다.

마쓰자카 다이스케松坂大輔는 일본 고교야구의 괴물 투수였다. 250개의 공으로 완투승을 이뤄내는가 하면 그렇게 던진 다음날에도 등판해 팀을 역전승으로 이끌었다. 당시 어떤 타자도 공략하기 쉽지 않은, 이른바 언터쳐블 Untouchable(감히 손댈 수 없다는 뜻으로 강력한 위력의 투수를 뜻하는 야구 조어) 투수 마쓰자카도 고전했던 경기가 있다. 훗날 한 일본 방송에서 괴물 투수 마쓰자카를 공략할 수 있었던 이유를 분석하며 3루에 위치한 상대 팀 주루 코치를 주목했다. 당시 마쓰자카의 대단함을 이야기하는 방송은 너무 많고 흔했다. 그런데 그를 공략한 원인이 경기장에 있던 이름 모를 3루 코치였던 사실은 그 누구도 알지 못했다. 이는 흥미로운 방송 아이템이 된다. 모두가 마쓰자카의 위력적인 투구만 보고 있을 때 한 방송사는 같은 경기장의 다른 곳에서 이야기를 발굴했던 것이다. 대표적인 칼리스토 사례다.

한 교육 그룹의 브랜드 캠페인을 기획할 때 일이다. 이 그룹은 교육과 성장이라는 업의 본질에 맞게 그늘에 소외되어 있는 다양한 장르의 아티스트를 지원하고 싶어 했다. 문제는 이미 웬만한 장르의 아마추어 예술가들은 지원을 받은 후라는 사실이었다. 한참을 고민하고 있는데 뉴스에서 드라마 〈오징어 게임〉에 출연한 배우 이정재의 에미상 수상 소식이 흘러나왔다. 한국인 최초의 수상이라며 난리도 아니었다. 그런데 같은 자리에서 한국인 스태프들이 에미상 최초로 미술 부문과 스턴트 부문 수상자 등에 호명 됐다는 사실을 보도하는 언론은 거의 없었다. 심지어 훨씬 많은 숫자의 스태프와 엔지니어들이 수상했음에도 말이다. 배우 황정민이 청룡영화제 자리에서 자기는 스태프들이 차려놓은 밥상에 숟가락만 얹었을 뿐인데 스포트라이트는 이렇게 자기 혼자만 받는 게 이상하다는 수상 소감을 발표한 게 벌써 20년 전이다. 보도를 보며 우리는 황정민이 느꼈던 민망함에서 그다지 멀리 오지 않았음을 깨달았다. 그 순간 OTT 콘텐츠 강국이라면서 그걸 만들어내는 사람들은 홀대하는 분위기를 다뤄보면 어떨까 하는 생각이 스쳤다. 그러니까 모두가 이정재라는 목성만 보고 있을 때, 스태프라는 젊은 창작자 '칼리스토'를 본 것이다. 당연히 다음 창작자 지원 그룹은 OTT 콘텐츠 스태프들로 결정되었다.

다른 사람은 놓치고 지나가지만 당신만은 보고, 느끼고, 해석하는 바가 있어야 한다. 당신이 몇 살이든 유명하든 아니든 중요하지 않다. 기획 경력이나 젠더와도 무관하다. 어떤 삶이든 저마다의 경험과 감정이 있다. 많은 기획자가 실패하는 이유는 이야기가 자신에게 없다고 생각하기 때문이다. 하지만 그렇지 않다. 하늘 아래 새로운 것을 보라는 게 아니다. 당신만의 관점이 필요하다는 뜻이다. 같은 걸 보면서 시야를 조금만 넓히면 된다. 우리는 동시대를 살고 있기 때문에 사람들은 새로운 것보다 나도 알고 있는 사실에서 보지 못한 점을 깨달을 때 더욱 신기해하고 집중한다. 어떤 분야의 기획을 위해 전문 지식은 필요하지만 그 지식이 박사 학위를 뜻하는 건 아니다. 기획에 대한 자기만의 관점, 이건 재능이 아니다. 기획자가 될 최소한의 자격이다.

다른 사람은 놓치고 지나가지만

당신만은 보고, 느끼고,

해석하는 바가 있어야 한다.

자기만의 관점.

기획자가 될 최소한의 자격이다.

콘셉트

: 워너비 세계관

기획이 누군가의 마음을 움직이는 일이라면 콘셉트는 그 마음을 여는 열쇠다. 그런데 콘셉트를 그럴싸한 메시지나 이미지 정도로만 생각하는 기획자가 있다.

울산광역시는 서울을 포함한 한국의 7대 광역시 중 유일하게 지하철이 없다. 이런 사정을 두고 타 광역시 출신이 농담 반 진담 반으로 '울산 사람들은 그럼 뭐 타고 다니냐'며 놀린 적이 있단다. 듣기 좋은 꽃노래도 한두 번이지 이것도 스트레스라는 울산 시민들의 하소연에 울산의 한 굿즈 디자이너가 '울산 사람들은 고래 타고 다닌다'며 고래 운전면허증을 만들었다. 면허증은 출시와 동시에 큰 화제를 불러일으켰고 폭발적인 성공을 거두었다. 만약 프로젝트 콘셉트를 '울산 상징 고래를 활용한 운전 면허증'이라고 내걸었으면 어땠을까? 고래에 관심 있는 사람들에게는 강한 인상을 남겼을지 모르지만 이 정도의 반향이 일지는 못했을 것이다. 여기서 콘셉트가 무엇인지 짐작할 수 있다.

콘셉트란 바로 '내가 함께하고 싶은 세계관'이다. 이 세계관에 마음이 끌리고, 함께하고 싶다는 마음이 들끓어 오르는 이유는 모두 콘셉트 덕분이다. 특정 브랜드가 사랑받는 것도 결국 그 브랜드가 은연중에 강조하는 세계관에 동참한다는 뜻이다. 나이키는 운동을 하지 않으면 죽을 거라고 협박하지 않는다. 대신 남녀노소 누구나 운동하는 다양한 모습(콘셉트)을 통해 당신도 여기에 동참하지 않겠냐는 메시지를 전한다.

콘셉트는 명확한 '단어'나 짧은 '문장'으로 정의내릴 수 있어야 한다. 명확한 떠올림이 있어야 대중이 동참할지 말지를 판단할 수 있다. 명심하자. 대부분의 사람들은 사회적 약자에게 친절하지만 장황하고 지루한 내 광고캠페인 콘셉트에 친절할 이유는 없다. 앞서 나는 인사이트란 무엇인가라는 질문에서 '타인의 욕망을 꿰뚫어 보는 능력'이라고 정의했다. 이런 문장이 '인사이트는 현상의 본질'이라는 두루

뭉술하고 그냥 좋아 보이는 단어보다 훨씬 이해하기 쉽다. 이처럼 콘셉트는 직관적인 서술이 가능해야 한다. 근사한 말을 지어내는 것을 콘셉트라고 오해해선 안 된다. 콘셉트는 기획의 한 영역이고 그렇다면 콘셉트의 궁극적 목적 역시 누군가의 마음을 움직이는 것이어야 한다.

환경 관련 공익광고 캠페인을 기획할 때 일이다. 대부분의 기획자들은 '어떻게 타인을 움직이게 할 것인가'를 고민한다. '탄소를 줄이기 위해 무엇을 해야 하는가' 따위의 질문이 그렇다. 좋은 기획자는 다르다. '지금까지 숱한 캠페인을 했음에도 왜 움직이지 않았는가'와 같은 질문을 한다. 질문만 조금 바뀌어도 누군가를 움직일 수 있는 콘셉트를 도출할 수 있다. 가령 공익광고 기획에서 이런 식의 접근법이 매우 유용하다. 다시 말해, 공익광고를 기획할 때 첫 번째 지녀야 할 질문은 '어떻게 문제를 해결할 것인가'가 아니라 '이 문제가 왜 지금까지 해결되지 않았는가'다.

환경 보호는 공익광고의 단골 주제다. 그런데 환경을 보호해야 한다는 사실을 사람들이 몰라서 광고가 필요할까. 보통의 사람들은 자신이 틀렸다는 것을 인정하고 싶지 않아 한다. 방어기제다. 내가 잘못 살았다는 것을 확인하는 것은 누구에게나 두려운 일이다. 이런 방식의 환경 캠페인에는 한계가 있다.

당시 내가 도전한 환경 보호 주제는 디지털 탄소중립이었다. 오프라인과 마찬가지로 과도한 디지털 기기 사용이 서버 등의 과부하를 불러일으키니 불필요한 사용을 줄여야 한다는 주장이다. 실제로 가상화폐 채굴을 위해 소모되는 전기량은 이미 아르헨티나와 네덜란드의 1년 전기 사용량을 뛰어넘은 지 오래다. 문제는 디지털 탄소중립 캠페인도 결국 불필요한 이메일 데이터를 지우거나 스마트폰 사용을 자제하라는 식의 '가르치는 메시지'를 벗어날 수 없다는 사실이다. 인간은 내가 틀렸다는 메시지보다 칭찬받았을 때 행동을 이어나가고 싶어 한다. 심지어 칭찬받을 행동인지조차 몰랐는데 칭찬받는다면, 그 작은 각성이 지속적인 행동 유지를 불러일으킬 수 있다.

가령 이런 식이다. 영화관에서 휴대폰을 꺼두는 행위는 에티켓을 위함이지만 디지털 탄소도 줄이는 행위다. 철없던 SNS에 올린 부끄러운 글을 지우는 행위는 내 흑역사를 삭제하기 위함이지만 디지털 탄소를 줄이는 행위이기도 하다. 한강 다리를 지날 때 휴대폰을 잠시 멀리하고 바깥 풍경을 보는 행위도 마찬가지다. 나는 그럴 의도가 아니었지만 칭찬을 받게 되면 인간은 으쓱해진다. 훌륭한 일을 해낸 의인을 인터뷰하면 하나같이 '칭찬받으려고 한 일은 아니다'라는 대답이 돌아온다. 왜 이런 표현에 우리가 감화되는지 생각해볼 필요가 있다. 그 이면에는 '칭찬받으려는 의도가 없었지만 결과적으로 숭고한 일'을 더 가치 있다고 여기기 때문이다.

좋은 콘셉트 설정을 위해 필요한 자세는 '고민의 다면적 노출'이다. 다양한 대중의 인식을 이해해야 이들에게 효과가 있을 만한 강렬한 기획을 할 수 있다. 그러기 위해 평소 자주 접하지 않는 매체를 가까이하며 다양한 관점을 배우는 것이 필요하다. 만약 당신이 진보주의자라면 한겨레나 경향신문을 주로 읽을 것이다. 보수주의자는 이른바 조중동을 읽는 경향이 있다. 이렇게 되면 늘 비슷한 논조의 기사만 읽는다. 편식은 기획자에게 가장 나쁘다. 각기 다른 세계관을 비교해보는 것은 굉장히 재밌고 흥미로운 일이다. 조선일보를 읽는 데 대단한 결심이 필요한 한겨레 구독자라면 기획자의 꿈은 일찌감치 포기하는 것이 좋다. 사람들이 내 기획에 귀 기울여주길 바란다면 먼저 나부터 그들의 생각을 들어야 한다.

아동학대예방 캠페인을 기획할 때 일이다. 한국의 아동학대예방 캠페인은 몇 해 전부터 부모를 잠재적 아동 학대범이나 계몽해야 하는 대상으로 묘사하는 방식을 바꾸기 시작했다. '학대를 하지 말라'가 아니라 '긍정적으로 양육하라'는 방식으로 일종의 프레임 전환을 한 것이다. 부모도 인간인 이상 나를 부정적으로 바라보는 캠페인에 마음의 문을 쉽사리 열지 않을 테니 바람직한 전환이었다.

문제는 부모를 부정적으로 묘사하지 않으면서 긍정성을 강조한 양육의 홍보 방식이었다. 높아진 교육 수준과 지속적인 캠페인을 통해 아동 학대 예방에 대한 부모의 인식 수준이 상당히 좋아지고 있다. 긍정적으로 양육해야 하는 걸 모르는 부모도 한국에 많지 않을 것이다. 이들에게 뻔한 메시지가 소구될 수 있을 리 없었다. 요컨대 양육자에게 기존 방식의 캠페인 메시지는 통하지 않을 게 뻔했다.

그러다 우연히 한 종이 신문 과학 섹션에서 뇌과학자의 기고문을 접했다. 부모는 어떻게 다른 사람은 알아듣지 못하는 아이의 옹알이를 알아듣느냐는 주제의 칼럼이었다. 타인은 전혀 알아듣지 못하는 아이의 웅얼거림을 부모가 너무 자연스럽게 알아들었던 경험, 아이를 길러본 부모라면 모두 공감할 내용이었다. 이러한 장면을 유쾌하게 풀어낸 예능 프로그램도 많다. 그런데 부모라서 당연히 알아듣는 거라 생각하는 이 모습이 최근 음성인식 AI에서 매우 중요하고 흥미로운 연구 과제라는 게 주된 칼럼 내용이었다.

결론부터 당기자면 부모가 아이의 옹알이를 알아듣는 이유는 순전히 부모가 아이와 보내는 시간이 많기 때문이지, 출산 후 갑자기 언어중추가 발달해서가 아니다. 아이와 보내는 시간이 길기 때문에 남들에 비해 옹알이의 맥락을 충분히 유추할 수 있던 것이다. 그래서 같은 부모라도 아이와 오랜 시간을 보낸 쪽이 아이의 말을 잘 알아들으며, 음성인식 AI 역시 아이의 전후 상황을 자세하게 학습시키면 음성 인식률이 올라간다는 설명이었다.

부모는 아이의 말을 이해하는 것이 아니라 아이의 말을 유추한 셈이다. 그런데 아이 입장에서 이해한다는 건 이른바 긍정 양육의 가장 중요한 원칙이다. 그렇다면 아이를 이해하라는 긍정 양육의 원칙을 부모가 따로 배울 필요가 없이 이미 잘 실천하고 있고, 너에게 있는 능력이니 꺼내 쓰기만 하면 된다는 이야기를 하면 어떨까. 학원을 다니거나 교육 영상을 보지 않아도 당신에겐 이미 아이의 언어를 알아듣는 당신만의 능력이 있으니까. 이 방식은 부모를 계몽의 대상으로 보지 않고 작은 각성의 대상으로 존중한다.

종이 신문을 보지 않았다면 알 수 없었을 내용이다. 우연히 발견한 것 아니냐 따져 물을 사람도 있을 것이다. 맞다. 우연히 발견된 면도 있다. 하지만 '종이 신문'에서 '우연히 발견'되었다는 게 포인트다.

필터버블Filter Bubble이라는 말이 있다. 이른바 알고리즘을 통해 내가 원하는 정보만 주는 세상을 뜻한다. 필터버블에 노출되면 진위와 상관없이 알고리즘에 따라 원하는 정보만 얻게 되는데, 지구 평면설 따위에 경도되는 이유도 여기에 있다. 수위만 다를 뿐 필터버블은 우리 주변에 매우 흔하다. 포털 1면에서 만나는 인터넷 신문은 모두 내가 선택한 언론사들이고 언론사가 조회수를 높이기 위해 선별한 기사 천지다. 하지만 종이 신문은 내가 보고 싶은 기사가 아니라 봐야 하는 기사를 제공한다. 평소 내가 접하는 정보를 한번 리스트업해보고 SNS나 인터넷 커뮤니티에서 접하는 정보에 가장 낮은 점수를 주는 습관을 들여보라.

레거시미디어Legacy media를 꼭 보라는 소리가 아니라 접점 확보를 위해 내가 기존에 믿고 있던 정보의 저수원 풀을 의심해볼 줄 알아야 한다는 소리다. 최근 기업들이 기존 방식으로 문제를 해결하지 못하자 인류학자의 도움을 받는 경우가 생기고 있다. 인류학자를 회의에 참석시키거나 소비자 분석을 의뢰하는 식이다. 비즈니스라는 게 결국 인간의 문제이니 인류학자라는 다른 접점을 통해 미처 보지 못한 지점을 찾아보려는 노력이다. 해외 파병을 가는 군대가 현지인을 이해하기 위해 인류학자를 활용하는 것에서 착안했는데, 이종교배의 모범 사례가 또 다른 접점을 만나 활용된 경우다.

콘셉트를 이야기할 때 빠지지 않는 브랜드가 스타벅스다. '제3의 공간'이란 스타벅스의 콘셉트는 마케터가 교본으로 삼을 만큼 훌륭하다. 우리가 스타벅스를 가는 이유는 무척 다양하다. 메뉴 때문일 수도 있고 따듯한 분위기의 가구 때문일 수도 있고, 굿즈 때문일 수도 있다. 이렇게 브랜드가 지닌 장점을 늘어놓으면 끝이 없다. 장점을 모두 담으면 브랜드의 콘셉트는 무척 장황해질 것이다. 스타벅스 창업자 하워드 슐츠는 이런 장점을 제3의 공간이라는 콘셉트로 정의 내려 성공을 거두었다. 사실 이 표현을 처음 쓴 사람은 사회학자 레이 올든버그Ray Oldenburg다. 그는 요즘 사람들이 집이나 학교, 직장 등 제1, 제2의 장소만 오가는 게 전부라며, 진정한 휴식을 위한 제3의 장소가 현대인에게 필요하다고 주장했다. 이를 하워드 슐츠가 차용했을 뿐이다. 콘셉트를 위해 대단히 창의적 언변을 지닐 필요는 없다. 중요한 건 크리에이티브가 아니라 구구절절 설명하지 않아도 단박에 상대의 마음을 움직일 수 있는 표현이다.

파리를 다녀온 한 방송국 기자가 들려준 흥미로운 이야기가 있다. 몇 해 전 파리 시청은 부서명을 변경했는데, 기존 부서명은 환경관리팀, 사회복지팀 등으로 세계 여느 나라의 일반적인 부서명과 크게 다르지 않았다. 해당 부서가 하는 일 중심의 명명이었다. 그런데 환경관리팀의 이름을 '파리의 온도를 0.5도 낮추는 팀'으로 바꾼 것이다. 팀장의 직함 역시 '파리의 온도를 0.5도 낮춰야 하는 사람'으로 바꿨음은 물론이다. 일의 목표가 분명해지니 시민의 민원 만족도가 높아지고 공무원에 대한 인식도 많이 개선되었다고 한다. 보통 큰 조직에 있으면 공공이든 민간이든 내가 작은 부품처럼 느껴져 나의 역할과 일의 의미를 느끼기 힘들 때가 있다. 그런데 이런 의미 중심의 변화는 근무자의 효능감을 높여주는 효과도 있었다. 별거 아니지만 이 역시 일의 형태보다 일의 의미 중심으로 팀 콘셉트를 바꿔서 나타난 긍정적 변화였다. 콘셉트는 이처럼 대중에게는 '구체적인 가치'가 되어주기도 하지만 조직의 구성원에게는 '일을 하는 의미'가 되어주기도 한다.

한 콘셉트 컨설팅 회사 대표에게 들었던 흥미로운 사례가 떠오른다. 그에게 업무를 의뢰한 임업 회사가 있었다. 주로 나무를 벌채하고 목재를 생산하는 임업은 1차 산업이라는 올드한 이미지와 나무를 자른다는 반환경적 이미지가 있다(하지만 목재 생산을 위한 나무는 별도로 심기 때문에 따지고 보면 양식업이나 벼농사와 크게 다를 바 없다). 해당 기업은 그런 이미지 때문에 대기업임에도 구직자들에게 인기가 없어 인재

채용이 고민이었다.

그 대표는 회사에게 임업이 주는 사회적 가치에 집중하라고 제언했다. 들여다보니 해당 회사는 벌목보다는 숲을 조성해 가치를 창출하는 기업에 가까웠는데, 임업이라는 회사명에 그 가치가 희석되고 있다는 판단이었다. 실제로 숲을 조성하는 것은 이익 추구 외에도 농가의 소득 보전과 자칫 쓸모없어 보이는 산지를 가치 있게 만들어준다. 숲의 가치를 높이는 사람을 뜻하는 포레스트 벨류 디자이너 Forest Value Designer를 전체 기업 비즈니스의 콘셉트로 정의했고, 해당 콘셉트로 채용 홍보를 했더니 설립 이래 최다 지원자가 몰렸다. 일의 형태보다 일의 의미를 내세워 미래 인재들을 확보하게 된 사례로 본질적으로 파리 시청의 변화와 동일하다.

콘셉트를 기획할 때 두 단어를 기억하면 좋다. 바로 '보편성'과 '고유성'이다. 기획서뿐만 아니라 언제나 글을 쓸 일이 생기면 기본적으로 평이한 문장을 쓰려고 한다. 함축적이고 정확하되 쉽고 예사로워서 평양냉면처럼 슴슴하고, 통사법을 까닭 없이 비틀지 않는 문장을 좋은 문장으로 친다. 그렇다고 생각까지 평이하길 바라는 건 아니다. 껍질은 범박하되 고갱이는 비범해야 한다. 콘셉트가 그렇다. 이

때 기억하면 좋은 단어가 바로 보편성과 고유성이다. 여기서 말하는 보편성은 타깃이 생각하는 보편적 욕망이고, 고유성은 경쟁 브랜드가 지니지 못한 우리 브랜드만의 것을 뜻한다. 예를 들어 "행복을 양산합니다"는 토요타 자동차의 핵심 키프레이즈다. 여기에는 행복이라는 타깃의 보편적 욕망과 양산형 자동차를 생산하는 토요타라는 완성차 브랜드의 고유성이 담겨 있다.

한 정육 업체의 브랜드 메시지 개발을 의뢰받은 적이 있다. 해당 업체는 국내 최초로 돼지의 사육 상태를 체크하는 동물복지가 강점이었다. 하지만 동물복지라는 가치 때문에 역설적으로 맛있는 고기를 직접적으로 말할 수 없었다. 당시 내가 만든 카피는 "마음이 놓이는 기준"이었다. 동물복지 제품을 구매하는 고객은 맛보다는 나와 내 가족의 건강과 같은 가치를 우선시한다. 동물복지는 경쟁사가 선점하지 못한 이 브랜드만의 가치였다. 좋은 브랜드 메시지에는 이러한 보편성과 고유성이 잘 담겨 있다.

최초의 스포츠 드링크인 이온 음료 게토레이의 브랜드 메시지, "Win From Within(승리는 안에서 나온다)"에는 승리라는 모든 선수의 욕망은 옷이나 운동화 같은 외부의 것이 아니라 음료처럼 '내 안에 채워지는 것'임을 강조했다. 이 또한 브랜드의 고유성을 잘 담은 예시다.

"세상 어디든, 당신의 집처럼"이라는 에어비앤비의 브랜드 메시지도 마찬가지다. 세상 구석구석 여행하고 싶은 것은 많은 이들의 소망이다. 그리고 세계 어디에서나 내 집처럼 편안하게 머무를 수 있는 공간은 에어비앤비만의 고유성이다.

똑같은 패스트패션 브랜드지만 소비자가 자라, 유니클로 매장에서 느끼는 감각은 같지 않다. 유니클로는 의류를 쌓아둔 꽉 찬 옷장 이미지라면 자라는 런웨이의 뒤편 같은 자유로운 이미지를 풍긴다. 그래서 자라에는 유니클로처럼 접어서 쌓아둔 옷이 별로 없다. 이처럼 콘셉트를 정하면 매장의 디스플레이 방식까지 결정된다. 그리고 소비자는 그 고유성에 매료되어 매장을 방문한다. '동참하고 싶게 만드는 세계관'이란 것은 바로 이런 의미다.

직관

: 나의 역사가 쌓은 나만의 기준

전략을 수립할 때 적용하는 공식은 이미 많다. 강점과 약점을 분석하고 위협 요소를 분석하거나, 가격과 장소를 분석하라는 식인데, 대부분 영어 약자와 숫자로 이뤄져 있다. 공식이 정답을 줄 것이라 생각하는 사람을 '스와터'라 부른다. 어떤 문제든 SWOT 같은 분석 툴에 적용해야 올바른 해결이 나온다고 생각하는 사람을 일컫는다.

뷰카VUCA는 변동성, 불확실성, 복잡성, 모호성이라는 네 가지 영어 단어의 이니셜을 따온 말로 원래는 미 육군이 현대 사회나 경쟁 상황을 나타내기 위해 사용한 조어다. 만약 현대 사회가 이런 불확실성 없이 늘 단순하고 정적인 구조라면 SWOT 같은 분석 툴이 나름대로 효과적이겠지만 비즈니스의 변동성 주기가 갈수록 짧아지는 요즘 같은 시기에 이를 적용하기란 쉽지 않다.

직관은 일종의 나만의 기준이다. 감각이라고 부르든 직관이라고 부르든 상관없다. 결국은 남이 뭐라 해도 개의치 않는 나만의 기준을 말한다. 핵심은 이 기준이 내가 오랜 시간 축적한 세계에서만 생긴다는 거다. 직관이 없으면 자신의 가치 기준보다 기존의 가치, 세상의 기준에 맞추게 된다. 내재적인 가치 기준이 있고, 그 기준이 흔들리지 않는 것이 기획자가 가져야 할 직관의 조건이다.

슈퍼커브는 혼다의 베스트셀러 바이크다. 창업주가 배달라이더를 위해 한 손으로도 조작할 수 있는 바이크를 만들겠다고 착안한 것이 슈퍼커브의 탄생 일화다. 흥미로운 점은 이런 초대형 베스트셀러는 철두철미한 시장조사나 컨설팅으로 태어나지 않는 것이다. 직관력이 높은 누군가가 평소 들여다본 풍경에서 '세상엔 이런 게 지금 필요할지도 모르겠다'고 파악한 데서 시작한다. 직관이 주효했던 슈퍼커브의 성공은 일본을 넘어 미국에서도 이어진다. 원래 혼다는 미국 오토바이 시장에 진출하려 했지만 대형 바이크가 주력인 미국 시장에서 자리 잡기가 쉽지 않았다. 그러던 중 한 직원이 출퇴근용으로 슈퍼커브를 타고 다니는 혼다

영업사원을 보고 '오히려 저게 더 맞지 않을까'라는 의견을 내고 전략을 수정한다. 멋을 위한 큰 오토바이가 아니라 세상엔 착실하고 성실하게 일하는 사람을 위한 이동 수단도 필요하다고 말하며 미국 시장을 파고든 것이다.

데이터가 중요한 시대다 보니 직관이나 직감은 추상적인 영역이라 등한시되기도 한다. 하지만 데이터 홍수 시대에 역설적으로 가장 필요한 것은 다름 아닌 감각이다. 데이터가 제시하는 응답에만 기대고 있어선 안 되는 사례로 지금도 회자되고 있는 브랜드가 레고다. 한때 레고는 레고의 수익성이 악화되는 원인을 유튜브나 비디오게임 같은 디지털 콘텐츠의 등장에서 찾았다. 그래서 선택한 전략은 레고의 디지털화였다. 레고 유니버스(2010년), 레고 월드(2017년)를 통해 디지털 게임 형태로 레고를 즐길 수 있도록 했다. 현실에서 레고를 하듯 블록을 쌓아 건물, 가구를 만들거나 자동차를 조립해 다른 사용자와 레이싱 게임을 즐길 수도 있었다. 그러나 모두 처절한 실패로 돌아갔다. 레고의 팬들은 손으로 블록을 조립해 자신만의 세계를 만드는 것을 좋아한다는, 아주 단순한 욕망을 놓쳤기 때문이다(이후 레고는 아날로그와 디지털을 결합한 전략으로 다시 부흥기를 맞이한다). 정리되지 않은 레고는 누군가의 발바닥에 엄청난 고통을 주기도 하지만, 그 고통이 유머가 되고 추억이 되기도 한다는 '물성'을 놓쳤던 것이다.

데이터가 가진 의미망을 분석해서 가치 있는 결론을 뽑아내는 직관도 매우 중요하다. 고속도로가 지나가는 특정 지역에서 산모의 조산율이 높게 관측된 적이 있다. 문제가 무엇인지 파악하지 못하다가 어느 날 누군가 톨게이트를 주목했다. 조산율이 높았던 마을 곁에는 대부분 톨게이트가 존재했던 것이다. 톨게이트가 있으면 기본적으로 많은 차량이 멈춰 서고, 그로 인해 많은 양의 자동차 배기가스가 발생한다. 이 배기가스가 산모의 조산율에 영향을 미친 것이다. 뭔가 새로운 사실이 밝혀진 것은 아니다. 톨게이트는 이전부터 산모들 곁에 존재했으니까. 중요한 건 '임신부의 조산율이 톨게이트와 관련이 있지 않을까?'라는 직관적 문제 제기 능력이었다. 무심코 넘어가던 일에 의문을 품는 직관이 먼저 발휘되지 않았다면 도저히 분석의 실마리를 찾을 수 없었을 것이다.

직관과 무관하게 데이터 그 자체에만 함몰되어 큰 패착이 되었던 사례가 있다. 바로 코카콜라와 뉴코크다. 1985년 경쟁 브랜드 펩시로부터 강한 추격을 받고 있던 코카콜라는 그 이유가 맛과 올드한 브랜드에 있다고 판단했다. 이에 코카콜라는 숱한 테스트와 실험을 통해 맛을 바꾸고 뉴코크를 출시하기에 이른다. 코카콜라가 투자한 비용은 당시 금액으로 400만 달러였다(지금으로 쳐도 큰돈이다). 블라인드 테스트만 20만 회를 거친 신제품의 성공을 코카콜라는 확신했다. 결론부터 말하자면 이 사례는 마케팅을 공부하는 사람 누구나 접하는 대표적 실패 사례다. 코카콜라는 두 달 만에 기존 제품을 다시 팔기 시작했다. 사람들은 새로운 제품이 나왔다는 사실보다, 내가 사랑했던 기존 제품을 빼앗겼다는 심리가 더 컸다. 심지어 옛날 코카콜라를 사기 위해 주를 넘어가며 사재기를 하기도 했다.

분명 테스트에 참여했던 이들은 모두 코카콜라나 펩시보다 뉴코크의 맛이 더 낫다고 평가했다. 그럼 뉴코크가 더 나은 선택이라고 했던 고객들은 거짓말을 한 것일까. 회의실 같은 장소에서 이성적이고 딱딱한 설문을 받으면 인간은 엉겁결에 평소 마음과 다른 대답을 하게 된다. 때론 엉겁결에 조사자가 원하는 대답을 하기도 한다. 게다가 내가 무엇을 원하는지 스스로 잘 모를 때도 있다. 달리 깊은 고민 없이 '뭔가 달라지면 좋겠지', '이게 좀 더 젊은 것 같아'라고 가볍게 생각했을 경우도 충분히 있을 법하다. 고객이 자신의 욕망을 말하지 않는 건 말하기 싫어서가 아니라 이게 진짜 욕망이란 걸 몰라서다. 여기서 말하고 싶은 건 데이터를 무시하는 것이 직감이라는 말이 아니라, '이 데이터는 고객의 진짜 목소리가 아닐지 모른다'는 알아챔 역시 직감의 영역이란 소리다.

〈머니볼〉은 기획자인 내게 금과옥조金科玉條 같은 영화다. 미국의 작은 프로야구단 단장 빌리 빈(브래드 피트 역)이 주인공이며, 실화 기반이다. 그는 미국 프로야구 최초로 세이버매트릭스Sabermetrics라는 데이터 기반 분석 시스템을 도입해 기존 야구 관계자들이 믿어 의심치 않았던 '타율'이나 '도루' 같은 기록이 전부가 아니며, 심지어 그보다 더 중요한 '출루율' 같은 지표가 있다고 주장했다. 빌리 빈은 그 주장을 만년 하위 팀의 20연승이란 대기록으로 증명해냈다.

빌리 역시 처음부터 데이터를 신봉한 것은 아니다. 문제를 해결하는 다른 방법이 분명히 있다는 직감이 먼저 존재했다. '안타만이 최선인가', '비싼 선수가 무조건 최고의 선수일까' 같은 의문. 그는 홈런을 치는 것보다 아웃을 당하지 않는 타자가 훨씬 귀하다고 주장했는데, 야구란 것이 생각해보면 양 팀 공이 27개의 아웃 카운트를 가지고 싸우는 게임이기 때문이다. 그런데 홈런 타자의 가치만 높이 평가하는 기존 관행 때문에 아웃당하지 않고 출루를 잘하는 타자의 값어치를 낮게 매겼고, 빌리는 이 값싼 선수들로 메이

저리그 대기록을 이루었다. 직감은 이론으로 어찌어찌해볼 영역은 아니다. 하지만 빌리 단장을 통해 한 가지 힌트는 얻을 수 있다. 어떤 직관이든 내가 오랜 시간 치열하게 관찰하고 고민한 영역에서 터져 나온다는 점이다.

감각은 자발적이며 시간을 들여 만들어진 것이므로 좀처럼 바꿀 수 없다. 그것이 자신만의 기준이 되고 남다른 감각이 된다. 예능 프로그램 〈무한도전〉을 만든 김태호 PD는 리서치를 해보고 프로그램을 만들지 않았지만 그 직관이 가전제품이나 자동차가 아닌 예능에서 터져 나온 이유는 그 분야를 꾸준히 관찰하고 고민했기 때문이다. 아쉽지만 직관에는 이렇다 할 트레이닝법이 없다. 오직 적층만이 있을 뿐이다. 직관을 위한 지름길은 없기 때문에 요즘은 회사에 직관이 뛰어난 인재가 귀하다.

직관을 키우라는 말은 이성적 사고를 무시하거나 멈추란 소리가 아니다. 이성적이고 논리적인 사고는 직관의 영역으로 가기 위한 디딤돌이다. "유레카"를 외친 아르키메데스 또한 단순히 직관이 뛰어났던 게 아니라 비중에 대해 누구보다 많은 고민의 적층을 쌓았던 사람이었다.

직관이 중요하다지만 직관으로 기획을 하다 보면 머리로는 알아도 '과연 내가 이런 결정을 내려도 될까' 하는 불안이 엄습한다. 그게 정상이고 보통이다. 그리고 잦은 빈도 수로 뭔지도 모른 채 기획이라고 믿는 것들을 쓰고 있다는 느낌을 받는다. 믿음이란 믿음 외에는 아무것도 의지할 수 없을 때가 많다. 동어반복이긴 하지만 믿음의 토대는 믿음 밖에 없으니까. 그런고로 기획자는 믿는 걸 쓰는 자가 아니라 자기가 쓰는 걸 믿는 자다. 사실 그런 자기최면이 아니면 중요한 프로젝트 팀이랄지 몇백 페이지에 이르는 기획안을 이끌어갈 수 없다. 기획은 데이터에 기반한 합리성 외에 직관과 즉흥성도 필요로 한다. 그런 점에서 기획은 모던 재즈와도 닮은 구석이 있다.

내 직감을 타인에게 이해시키고 설명하는 것은 무척 어려운 일이다. 그럴 때마다 〈머니볼〉에서 가장 좋아하는 대사를 떠올린다. 새로운 방식이 실패하면 해고될지도 모른다며 걱정하는 팀원에게 빌리는 이렇게 말한다.

"자네 말이 맞아. 우리는 해고될 수도 있지. 그런데 우리가 물어야 할 질문은 그게 아냐. 넌 우리가 하고 있는 이 일을 믿어?"

"네."

"그렇다면 우리의 방식을 설명하려고 하지 마, 누구에게도. 이제 우리가 저질러놓은 일들이 어떻게 흘러가는지 지켜보자고."

기획자는 믿는 걸 쓰는 자가 아니라

자기가 쓰는 걸 믿는 자다.

사실 그런 자기 최면이 아니면

중요한 프로젝트 팀이랄지

몇백 페이지에 이르는

기획안을 이끌어갈 수 없다.

공감

: 기획의 베이스

공감은 기획자들 사이에서 가장 흔하게 오남용하고 있는 단어 중 하나다. 사회적 공감 능력이 부족하다는 말부터 시작해서 최근엔 MBTI 유행으로 공감은 하나의 기질이 되어 버렸다. 이런 현상이 옳다 그르다 입을 대려는 게 아니다. 기획자에게 공감이란 그 자체로 좋은 것도 나쁜 것도 아니기 때문이다. 기획자에게 공감은 타인의 심리적 기제를 이해하는 능력에 가깝다. 일종의 기술적 관점에서 접근해야 한다. 영리한 정치가들은 공감을 기술적으로 활용해 목표로 하는 유권자로 하여금 이해와 위로를 받는다는 기분이 들게 한다. 이처럼 사람의 마음을 움직이기 위해 기획자는

'공감'이란 단어를 하나의 수단으로 쓸 줄 알아야 한다. 내 결과물을 납득시키는 연결고리가 바로 공감이다.

아킬레스건을 다쳐 재활 치료를 받은 적이 있다. 나를 치료해주던 물리치료사는 환자와 치료사 사이의 신뢰 관계 이른바, '라포르rapport'를 매우 중요하게 여겼다. '나을 수 있다'는 환자의 믿음이 담보되지 않으면 아무리 훌륭한 물리치료사도 재활이 쉽지 않다는 게 그의 설명이었다.

"혹시 기억에 남는 환자가 있나요?"

치료를 받던 어느 날 물었다. 내 오른쪽 발목을 주무르다 말고 그가 들려준 대답은 이랬다.

"사고를 당해서 사지를 쓰지 못하게 된 환자가 있었어요. 젊은 분이라 상실감도 엄청 커 보였어요. 당연히 치료도, 재활도 적극적으로 임하지 않았죠. 하루는 치료를 하려는데 저한테 할 말이 있다고 귀 좀 가까이 대달라는 거예요. 제가 귀를 가져다 대고 무슨 말을 하려나 들어보니 글쎄, 자기를 좀 죽여달라는 게 아니겠어요? 그럼 자기 앞으로 나오는 사망보험금 절반을 주겠다고. 그만큼 삶의 희망을 놓아버린 분이었죠. 그날 퇴근하고 밤새 고민했어요. 그 양반을 어떻게 재활 치료에 임하게 할까. 상투적으로 들릴 수 있는데 재활 치료는 환자의 의지가 정말 중요하거든요. 다음날 환자에게 가서 말했어요. 환자분 죽고 싶으시죠? 제게 좋은 방법이 있어요. 지금부터 재활합시다. 손가락이라도 자유롭게 움직일 수 있으면 원하는 방식으로 죽을 수 있어요. 발이라도 움직일 수 있으면 원하는 곳에서 뛰어내릴 수도 있지 않겠어요? 그러니까 우리 재활을 합시다."

기획은 거창한 문서나 화려한 프레젠테이션이 아니다. 상대가 원하는 바를 간파하고, 그 이야기를 들려준 후, 내가 원하는 방향으로 움직이게 만든다. 이것이 바로 공감에 기반한 훌륭한 기획이다. 그 바람이 비록 죽음이라도 내가 원하는 방향인 '재활'에 다다르게 할 수 있다면 그 바람 역시 이용할 수 있는 게 기획의 본질이다.

달걀을 생각해보라. 라면을 끓이기 위해 달걀을 깨달라고 하면 누구나 쉽게 할 수 있다. 하지만 케이크를 만들기 위해 달걀을 깨달라고 하면 그 순간 달걀은 너무도 어려운 식재료가 된다. 케이크는 전문가가 만드는 음식이라고 생각하기 때문이다. 하지만 라면이나 케이크나 달걀을 깬다는 행위는 다를 게 없다. 이 차이를 인식하는 것이 기획의 시작이다.

상대의 마음을 움직이기 위해 고민 끝에 메시지를 보내본 적이 있는가? 미술관에서 작품을 감상하고 친구와 작품에 대해 이야기를 나누며 왜 서로 끌리는 작품이 다를까, 혹은 왜 같은 작품에 멈춰 섰을까 궁금했던 적은? 공감이라는 게 듣기에 거창해서 그렇지 별거 아니다. 물리치료사처럼 상대의 입장에서 다시 한번 내가 해오던 방식을 의심하게 된다면 그건 매우 훌륭한 기획자의 자세라 할 수 있다. 만약 그런 경험이 여러분에게도 있다면 당신은 이미 기획을 해오던 사람이다. 기획자가 따로 있는 게 아니다. 그런 의미에서 우리는 모두 아주 오래전부터 기획을 해오던 사람이었을지 모른다.

과거엔 팔리는 제안이 좋은 기획이라고 생각했지만 지금은 아니다. 기획을 하다 보면 나부터 너무 흥미진진해져서 경쟁 PT 날짜만 기다리게 되는 경우가 있다. 이제 내게 좋은 제안이란 '상대에게 얼른 가서 들려주고 싶은 제안'이다. 기획은 어디까지나 감각의 축적이다. 책 한 권으로 모든 것을 통찰하는 눈이 생기면 좋겠지만, 기획에선 다마스쿠스로 가던 사도 바울이 느낀 것과 비슷한 깨달음 같은 건 일어나지 않는다.

하지만 그렇다고 너무 실망하지는 말자. 기획은 직업이 아니라 상태다. 타깃의 행동을 예의주시하고 아이디어를 고민하면 그건 늘 기획 상태에 있는 것이고, 그 상태에 있는 한 우린 모두 기획자다. 반대로 누군가의 마음을 움직이겠다는 생각이나 공감하고 싶다는 태도를 멈춘다면 그 순간 기획은 끝난다. 기획이 힘든 이유는 기획을 누군가에게 평가받는 일종의 문서라고 생각하기 때문이다. 그래서 거짓말일 확률이 매우 높은 기획의 비법 따위를 찾거나, 단번에 통과되는 기획서 작성법 따위를 검색한다. 단언컨대 그런 공식을 통해 좋은 기획서를 쓸 수 있다는 생각은 버리는 게 좋다.

대신 이렇게 생각해보자. 당신이 유튜브 영상 만들기를 좋아한다면 아이디어를 생각할 때 유튜버들간의 등수에 연연할까? 모르긴 해도 '좋아요'를 많이 받고 싶다거나, 공유가 많이 되었으면, 칭찬 댓글이 많이 달렸으면 하는 욕망이 마음에 고일 것이다. 어떻게 하면 내 영상을 보는 구독자의 마음을 움직여 '좋아요'를 누르게 할 것인가를 고민하지, 전체 유튜브 영상 중 몇 등을 할 것인가는 고민할 리 없다. 이 차이를 아는 건 기획자에게 매우 중요하다. 좋은 기획의 결과물은 평가에 대한 집착이 아니라 누군가의 마음을 움직이고 싶다는 욕망의 발화란 사실을 깨달을 수 있기 때문이다.

2030년 부산 엑스포 유치를 위한 최종 프레젠테이션이 국민에게 비난받은 적 있다. "영상이 너무 구리다", "언제 적 강남스타일이냐" 등 영상의 퀄리티와 내용 모두가 비난의 대상이었다. 하지만 내 생각은 좀 다르다. 근본적인 문제는 다른 곳에 있다. 경쟁국이었던 사우디아라비아의 최종 영상을 보면 더욱 극명하게 드러난다.

사우디아라비아의 영상은 히잡을 둘러쓴 여성의 미소로 시작한다. 영상 중간중간 잊을 만하면 다양한 여성의 역동적 모습이 등장한다. 그뿐만 아니라 현장에서 발표하는 여섯 명의 프레젠터 중 절반이 여성이었다. 특히 마지막 연설자로 사우디 역사상 최초의 여성 주미대사 리마 빈트반다르 알 사우드Reema bint Bandar Al Saud가 등장해 화제가 되었다. 그는 "사우디에서는 무엇이든 될 수 있다"는 말로 PT를 마쳤다. 왜 이런 전략을 택했을까. 사우디아라비아는 불과 몇 해 전까지 여성은 운전할 수도 없고, 남자 없이는 관공서도 갈 수 없는 나라였다. 사우디아라비아 여성 인권의 후진성은 늘 국제 사회로부터 비난을 받았다. 그런 국가에게 엑스포 유치권을 주는 것은 평가단에게 큰 부담이었을 것이다. 하지만 사우디는 프레젠터부터 영상 연출까지 '당신의 고민이 무엇인지 잘 알고 있다'는 공감의 원칙을 실천함으로써 국제 사회의 호평을 받았다.

한국은 어떤가. K-POP 스타, 드라마 〈오징어 게임〉으로 에미상을 수상한 이정재 등 한류 스타가 쉴 새 없이 등장하고, '기호 1번 한국을 선택하라'는 메시지가 정확히 열

세 번 등장한다. (놀랍게도 사우디는 자신들이 기호 3번임을 아웃트로 화면에서 단 한 번 비출 뿐이다.) 한국의 최종 프레젠테이션 영상이 선거 영상 같다는 비난을 받은 이유다.

PT 영상 하나로 커다란 국제 행사 유치가 결정되지 않는다는 걸 안다. 몇 차례에 걸친 실사와 프레젠테이션이 누적된 평가란 것도 잘 안다. 하지만 정부는 최종 PT 마지막까지 경쟁국과 표차가 박빙(막상 개표했을 때는 격차가 컸지만)이며 충분히 뒤집을 수 있다고 했다. 그게 사실이었다면 결코 이렇게 만들면 안 되었을 영상이었다. 사우디아라비아의 영상은 평가위원이 듣고 싶은 이야기, 우려하는 문제에 공감하는 자세를 보여줬다. 하지만 한국 유치단은 상대가 듣고 싶은 이야기와 무관한 내가 자랑하고 싶은 이야기를 했다. 평가단의 마음이 움직이지도 않았는데 1번을 찍으라는 이야기만 반복적으로 강조한다고 무언가에 홀린 듯 1번을 찍지 않는다. 기획이 상대의 마음을 움직이는 이야기라는 게 그런 뜻이다.

청중을 고려한 기획을 논하기 위해 부산 엑스포까지 갈 이유도 없다. 전래 동화의 빌런을 생각해보라. 장화홍련전의 경우 억울하게 죽임을 당한 처녀 귀신은 어느 지역 구전이든 변함없이 등장하는데, 처녀 귀신을 죽인 자는 어느 지방에서는 양반이었다가, 어느 지방에서는 관비였다가, 어느 지방에서는 노비였다가 하는 등 일정치가 않다. 왜일까. 듣는 사람에 따라 이야기가 달라졌던 것이다. 노비들을 모아놓고 이야기를 풀어내는데 노비가 범인인 이야기는 아무래도 불편할 수밖에 없었을 것이며, 양반들 앞에서 이야기를 하는데 양반이 범죄자로 농락당하는 이야기를 해서는 안 되었던 것이다. 내가 하고 싶은 이야기가 아니라 상대를 고려한 전달의 역사는 유구하다.

공감 능력이란 것이 MBTI처럼 기질 한두 가지로 부여받는 능력이면 좋겠지만 현실은 그렇게 녹록지 않다. 공감의 열쇠는 나의 기질이 아닌 상대에게 있으며, 그 능력은 치열하게 상대의 바람을 관찰하고 사유하는 노력의 영역에 있다.

과거엔 팔리는 제안이

좋은 기획이라고 생각했지만

지금은 아니다. 기획을 하다 보면

나부터 너무 흥미진진해져서

경쟁 PT 날짜만 기다리게 되는 경우가 있다.

즉, 좋은 기획이란 '고객에게 얼른 가서

들려주고 싶은 제안'이다.

로그라인

: 한마디로 설명되는 생각의 항로

로그라인^{Log line}은 원래 항로를 뜻하는 뱃사람들의 단어였다.
'플롯^{Plot}'이라고 불리기도 한다. 콘텐츠에서 기대감이나 긴
장감을 유발하는 것은 로그라인의 힘이다. 혹은 로그라인
을 보고 OTT 서비스에서 필요한 내용을 고르기도 한다. 유
혹을 하는 것도 로그라인의 역할이다.

기획서의 원칙. 쓰기 시작하면 끝까지 쓴다. 여러 번 지
우는 한이 있더라도 쓸 때까지 쓰고, 더 이상 나올 것이 없
을 만큼 썼다면, 이젠 지워본다. 이번엔 더 이상 지울 게 없
을 때까지. 그럼 핵심만 남는다. 그게 로그라인이다. 긴 프
레젠테이션 끝에 "그래서 한마디로 요약하면 뭐죠?"라는 질

문이 돌아올 때가 있다. 좋은 프레젠테이션이 아니었다는 뜻인데, 이때 프로젝트를 한마디로 말할 수 있는 게 로그라인이다. 다시 말해, 로그라인은 아이디어에 골격을 넣는 일이다. 나는 이 과정 없이는 단 한 장의 제안서도 써 내려갈 수 없다.

아이디어는 그냥 아이디어일 뿐이다. 좋은 아이디어도 그냥 아이디어일 뿐이며 매우 탁월한 아이디어도 그냥 아이디어일 뿐이다. 물론, 기획에서 착상은 매우 중요하다. 꼭 필요하다. 하지만 아이디어는 기획의 출발점이 아니라 일종의 씨앗이다. 어느 방향으로 가야 할지 알려주지 않는다. 좋은 아이디어가 떠올랐다 해도 광고주나 소비자에게 어떤 의미가 있을지, 의미가 있다 해도 어떤 설득 과정을 따라야 하는지, 결론까지 갈 수 있는 논거가 충분한지를 고려하지 않으면 제안은 아이디어의 나열에 불과하다. 그래서 가장 필요한 것이 로그라인이다. 기획을 한다는 건 주제에 대한 방향성과 경로를 탐색하는 과정이기 때문이다.

기획서를 쓴다는 것은 그 자체로 자기 생각에 대한 끝없는 피드백이다. 머릿속에 있을 땐 굉장히 그럴싸해 보였던 아이디어와 논증 방식을 언어로 구조화해 눈앞에 문장으로 나타내면 비로소 어설픔이 여실히 드러난다. 기획은 생각을 언어로 구체화하고 세밀화하며 완성하는 과정이다.

나의 문제의식이 정념 덩어리였는지 정리된 생각이었는지 그제야 알게 된다. 그래서 로그라인 구성은 흐리멍덩하게 떠오른 장면들에게 서사를 부여하는 작업이기도 하다.

기획의 로그라인을 파악하기 위해 내가 가장 먼저 하는 행동은 바로 컴퓨터 모니터로부터 멀어지는 것이다. 대신 커다란 노트를 꺼낸다. A3 정도의 사이즈가 적당한데 좀 부담스럽다면 A4 사이즈도 좋다. 핵심은 모니터 앞에 앉고 보는 습관을 없애는 것이다.

모니터는 끝없이 확장되는 생각을 자유롭게 펼치기엔 한계가 있다. 무엇보다 기획은 문제 정의부터 문제 해결까지 일관된 기승전결을 이야기하는 게 중요한데 모니터에서는 이를 점검하는 것이 쉽지 않다. 넉넉한 크기의 노트는 내 사유의 가지가 어디까지 뻗어나가는지 확인할 수 있다. 당연히 처음 뱉은 화두와 결론이 수미일관했는지도 점검 가능하다. 즉, 기획이 길을 잃지 않을 수 있다. 어떻게 써먹을지 모를 메모나 쉽게 답할 수 없는 낙서도 아무 곳이나 틈나는 대로 기록할 수 있다. 터져 나오는 생각을 되는대로 써두고 생각의 잔해를 수습하기에도 노트가 좋다.

너른 종이에 자신의 이야기를 끝 간 데 없이 써보라. 머릿속의 생각들을 손으로 토해낸다는 기분이 들 것이다. 로그라인을 큰 노트에 써보면 내 기획의 더 큰 맥락을 바라볼 수 있다. 한발 떨어진 시선으로 바라보면 문제의 맥락과 그 맥락의 교차가 보인다. 그뿐 아니다. 내용을 꽉 채우고 새로운 노트를 꺼낼 때마다 낡은 것들이 나를 만들어가고 있다는 성장의 가시성도 느끼게 한다.

물론 로그라인만 중요한 것은 아니다. 기획에서 스토리텔링은 크게 두 가지로 구성된다. 셋업과 급소 문구_{punch line}다. 기대와 긴장을 구성하는 스토리를 앞에 깔아두는 것이 이른바 셋업이다. 몰입을 높이기 위해 맥락을 빚어내면서 미끼를 던지는 작업이다. 그리고 이 모든 기대를 한방에 해소하는 것을 급소 문구라 한다.《스토리텔링 바이블》을 쓴 대니얼 조슈아 루빈_{Daniel Joshua Rubin}은 이를 두고 망치로 내려치는 것이라 말했다. 보통 이런 급소 문구는 반전 형태를 띠는 경우가 많다. 기획서도 반전을 잘 사용하면 흥미롭게 구성할 수 있다.

'상부상조'라는 보험의 가치를 알리고자 하는 고객사가 있었다. 보험의 본질적 가치이자 작동 원리가 상부상조이고, 그 자체는 훌륭한 연대지만 젊은이들에게 상부상조나 연대라는 표현 자체가 아무래도 고리삭은 면이 있었다. 그런데 사실 이미 많은 젊은이들이 상부상조를 실천하고 있다. 가령 고양이를 기르는 1인 가구 젊은이들은 서로가 방문 탁묘를 해주기도 하고, 여성 야구팬들은 야구장에서 급작스레 생리를 하게 되면 트위터를 통해 생판 모르는 남에게 대가 없이 생리대를 가져다주기도 한다. 상부상조를 그들만의 방식으로 이미 행하고 있었는데, 다만 그 행위가 상부상조인지 몰랐을 뿐이다. 이처럼 기획은 새로운 걸 찾아내는 게 아니다. 일상적 행동을 '실은…'이라며 전달하는 것만으로 흥미로워진다.

적재적소의 로그라인 배치가 곧 기획자의 일이다. 기획서는 '무엇을' 써야 하는가보다 무엇을 '언제' 말할 것인지의 싸움이기도 하다. 정보를 언제 주느냐의 눈치게임일 수도 있다. 너무 뜸을 들이면 평가위원은 지치고, 너무 이르게 공개하면 김이 빠진다. 영화 속 반전을 하늘 아래 새로운 아이디어로 생각하는 경우가 많은데, 사실 중요한 건 순서다. 예를 들어 도둑이 등장하는 영화가 있다고 하자. 마지막에 알고 보니 그 사람이 도둑이었다는 내용은 반전 영화의 로그라인이다. 하지만 도둑이 모두 공개되고 치밀한 절도 기술이 내용의 주를 이루면 케이퍼 무비Caper Movie가 된다. 차이는 도둑이라는 사실을 언제 어떻게 공개하느냐다. 너무 당연해서 가끔 잊고 지내는 이들이 있는데 기획은 온전히 기획하는 사람의 것이다. 즉, 어떤 정보를 언제 내놓을 것인가 하는 건 오롯이 기획자인 내 몫이다.

너른 종이에 자신의 이야기를

끝 간 데 없이 써보라.

머릿속의 생각들을 손으로

토해낸다는 기분이 들 것이다.

로그라인을 큰 노트에 써보면

내 기획의 더 큰 맥락을 바라볼 수 있다.

레이어

: 꼬리를 무는 질문을 하라

정확히 말하면 '생각의 레이어'다. 생각의 레이어는 문제의 본질에 다다를 수 있는 가장 효과적인 단어다. 거꾸로 말하면 생각의 레이어를 정리할 수 있어야 진짜 문제에 다다를 수 있다는 뜻이기도 하다. 가령, 독도를 외국에 제대로 알리는 영문 홈페이지를 기획하는 미션을 부여받았다고 해보자. 당신은 며칠 밤을 지새워 근사한 영문 홈페이지를 완성했다. 하지만 홈페이지를 완성했다고 알아서 축하 화환을 들고 찾아오는 누리꾼은 세상에 없다. 특정 검색어를 등록해 노출시켜야 한다. 이때 핵심 검색어는 무엇이어야 할까.

독도니까 '독도'를 핵심 검색어로 등록해야 할까? 아니다. 독도 영문 홈페이지를 만든 근본적 이유를 생각해야 한다. 앞서 말했다시피 당신은 독도를 제대로 알리기 위해 예산과 시간을 들여 독도 영문 홈페이지를 만들었다. 즉, 독도를 이미 한국 땅이라고 올바르게 알고 있는 사람에겐 그다지 쓸모가 닿지 않는 정보다. 진짜 타깃은 제대로 알지 못한 사람들, 그중에서 일본 영토라고 잘못 알고 있는 이들이다. 그래서 핵심 검색어는 독도가 아닌 일본이 주장하는 명칭 '다케시마'여야 한다. '다케시마'라고 검색했을 때 독도가 한국 땅이라는 사실이 검색 결과에 등장하면 독도를 다케시마로 잘못 알고 있는 이들이 제대로 된 사실을 습득하게 된다. 안타까운 일이지만 한때 '독도닷컴'을 입력하면 독도는 다케시마이며, 일본 땅이라는 어느 트윗으로 연결되기도 했다. 얄미운 일이지만 이루고자 하는 목적과 타깃의 마음을 꿰뚫은 기획이다. 여기서 '독도라는 검색어가 정답일까?'라고 생각하는 마음이 바로 레이어다.

말이 쉽지, 어떻게 그렇게 레이어를 깔 수 있느냐고 묻는 사람도 있을 것이다. 이때 필요한 것이 '과연 그렇기만 할까?'라는 질문이다. 이 질문을 놓지 않으면 누구나 쉽게 생각의 레이어를 깔 수 있다. 한때 코미디 프로그램 〈개그콘서트〉가 망한 이유를 유튜브나 넷플릭스처럼 보다 다양해진 즐길 거리에서 찾는 사람들이 있었다. 물론 그 이유가 없진 않았을 것이다. 하지만 그게 전부일까. 그렇다면 지금 잘나가는 유튜버 대부분이 개콘 출신들이었단 사실은 어떻게 설명할 것인가.

생각이 여기까지 이르면 '문제는 어쩌면 유튜브 같은 다른 채널이 아니라 개그라는 전문적 기획물을 비전문가인 PD가 컨펌하는 시스템에 있었던 게 아닐까'라며 문제의 본질에 가까워질 수 있다. 만약 당신이 기획자가 아니라면 그저 유튜브 때문에 개콘이 망했다고 쉽게 결론 내려도 상관없다. 여기까지는 일반적인 생각의 레이어다. 하지만 기획자는 문제의 본질을 파악해 문제 해결을 제시하는 사람이다. 즉, 문제 정의 역량이 중요하다. 이때 레이어를 계속 깔 수 있는 실력이 도움이 된다. 이 경우 '어, 잠깐? 지금 잘나가는 사람들 전부 개콘 출신이잖아?'라고 이상하게 여기는 것이 세 번째, 네 번째 레이어에 해당한다.

콜 포비아_{call phobia} 현상은 전화 통화를 불편해하는 사람의 통화 기피증을 일컫는 신조어다. 흔히 전화를 무서워하는 원인을 다양한 메신저나 SNS 같은 활자 소통 방식에서 찾는다. 물론 충분히 설득력 있다. 하지만 여기서 필요한 것은 '과연 그럴까?' 혹은 '그 이유가 전부일까?'라는 레이어를 얹는 질문이다. 젊은 고객이 통화는 물론 대면 서비스를 선호한다는 조사 결과도 많기 때문이다.

정말 주목해야 하는 것은 누구로부터 걸려온 전화인가에 따라 태도가 달라진다는 점이다. 가령, 부장님의 전화는 친한 친구의 전화와 분명 부담감이 다르다. 여기까지 생각이 이르면 '전화' 그 자체가 문제가 아님을 알게 된다. 회사 부장님으로부터 걸려오는 전화를 상상해보라. 내가 모르는 서류를 찾는 것일 수도 있고, 업무 실수를 지적하는 전화일 수도 있다. 그저 점심식사를 같이 하자는 이야기일 수도 있다. 무엇이든 내용은 모르지만 부장님은 이미 내게 말할 용건이 정리된 상태다. 그에 비해 나는 용건을 알지 못할 뿐더러 지혜롭게 대응할 시간도 없다.

만약 그 내용이 메일로 온다면 어떨까. 같은 업무 지적이라도 충분히 내 생각을 정리해서 답을 할 수 있다. 메일로 제출하는 답변은 같은 내용이라도 전화보다 꽤나 정리되어 보일 것이다. 여기까지 생각이 이르면 전화가 기본적으로 매우 불평등한 커뮤니케이션 수단이란 사실을 알게된다. 레이어를 깔다 보면 안다. 사실은 전화를 부담스러워하는 게 아니라 공평하게 정보가 공유된 상태로 소통하고 싶다는 바람이 바로 콜 포비아의 본질이라는 것을 말이다. 겹겹으로 생각하자. 기획에는 겹겹으로 생각하는 사람에게만 열리는 세계가 있다.

페르소나

: 단 한 사람을 온전히 이해할 수 있다면
기획은 성공한다

트레바리라는 독서 모임에서 기획을 주제로 모임을 주최하고 있다. 기획자 모임이라고 사람들을 꾄 후 기획과 상관없어 보이는 책을 통해 기획의 본질을 깨닫게 하는 식이다. 매번 첫 책으로 선정하는 작가는 영화감독 고레에다 히로카즈다. 그는 〈어느 가족〉이란 작품을 통해 칸 영화제에서 황금종려상을 수상한 세계적 감독이다.

　사람들은 기획자 모임의 첫 책으로 왜 고레에다의 책을 선택하는지 의아해한다. 그의 영화 중에 〈아무도 모른다〉라는 작품이 있다. 작품이 탄생한 배경이 그의 책《작은 이야기를 계속 하겠습니다》에 등장하는데 기획자에게 많은

울림을 준다. 영화는 1988년 도쿄에서 실제 일어난 '5남매 방치사건'을 바탕으로 만들어졌다. 아버지는 장남이 초등학교에 들어가기 전에 사라지고 어머니 혼자 아르바이트를 전전하며 다른 남성들과 임신, 출산을 반복했다. 5남매였지만 차녀는 태어난 지 얼마 되지 않아 죽었다. 결국 어머니는 애인이 생겨 네 아이를 두고 집을 나갔다. 아이들은 어머니가 가끔 보내주는 돈에 의지해 살았는데 집주인이 아이들 끼리만 산다는 사실을 눈치채고 경찰에 통보해 실상이 알려졌다. 일본 사회는 난리가 났다. 각종 언론은 어머니를 섹스에 중독된 마귀로 만들고 아이들은 지옥에 남겨진 것으로 묘사했다. 고레에다는 일련의 보도를 접하며 이런 생각을 했다고 한다.

'엄마도 아빠도 떠나버린 공간에 큰오빠는 왜 끝까지 남아 있었을까?'

그러다 고레에다는 어느 날 '큰오빠는 다정했다'는 여동생의 인터뷰 기사를 본다. 그 답변을 보는 순간 고레에다는 어머니가 잘한 것이 없지만 그녀도 고군분투했던 건 사실이고, 그 모습을 장남도 잃지 않으려 했던 것이 아닐까 하는 데까지 생각이 미쳤다고 한다. 그는 영화를 통해 어떤 사건에 판단을 내리거나 정답을 제시하지 않는다. 실제로 인터뷰에서 "영화는 사람을 판가름하려고 존재하는 게 아니며, 감독은 신도 재판관도 아니"라고 했다. 고레에다는 인간을 이분법으로 가르는 걸 반대하며 선과 악 사이에는 숱한 도덕적 스펙트럼이 있음을 보여준다. 그는 영화에서 누가 옳고 그른가를 가리지 않는다. 어른은 이래야 한다거나 아이는 이래야 한다는 어떤 규범을 제시하지도 않는다. 오로지 귀 기울이고 듣는 것이 중요하다고 이야기한다.

작가 위화는 문학잡지 〈악스트 Axt〉 인터뷰에서 "한 시대를 법정이라고 가정하면, 작가는 원고가 아니고 피고도 아니다. 법관도 아니고 검사도 아니며 변호사도 아니고 심지어 원고나 피고의 가족도 아니다. 작가는 단지 눈에 띄지 않는 서기일 뿐이다"라고 말했다. 여러 해가 지나 사람들이 법정에서 무슨 일이 일어났는지 알고 싶어 할 때 서기의 기록은 중요하다. 그래서 예술의 가치는 지금 이 순간이 아니라 나중에 있다고 했다. 고레에다의 영화도 마찬가지다. 그는 늘 어떤 사건과 현상에 판단을 내리지 않는다. 요컨대 외부에서 끝내 볼 수 없는 타인의 사정이란 게 있으며, 그걸 함부로 예단해서는 안 된다고 말한다.

아무리 우수한 전문 기획자라도 모르는 것은 모른다. 기획자에게 위험한 생각 중 하나가 '단정적 믿음'이다. '분명 그래서… 그런 걸 거야'라는 건 세상 어디에도 없다. 사회 통념상 아주 어긋난 추측은 아니겠지만 적어도 기획을 꿈꾼다면 이런 자세는 상당히 좋지 않다. 경계심은 기획에서 매우 중요하다.

아이에게 브로콜리를 먹이려는 부모는 브로콜리가 몸에 얼마나 좋은지를 설명하며 아이를 설득하려 한다. 하지만 아이는 채소가 몸에 좋은 걸 몰라서 안 먹는 게 아니다. 고객이 고민하는 건 건강이 아님에도 고객의 불편을 지레 단정하고 기획하는 경우가 허다하다. 상대를 잘 안다는 착각 때문이다.

간혹 대학교에서 기획 관련 수업을 할 때가 있는데 학생들에게 대한민국 지도를 보여주며 묻는 질문이 있다.

"대한민국엔 서울을 포함해서 일곱 개의 광역시가 있습니다. 제주도 대학생에게 심리적으로 가장 먼 곳은 어디일까요?"

제주도 출신이 아닌 대부분의 학생은 지도상에서 제주와 가장 먼 인천이나 서울을 가리킨다. 물리적 거리와 심리적 거리를 등치시키는 것이다. 하지만 제주도 사람이 가장 멀게 느끼는 광역시는 대전이다. 이유는 허무하리만치 단순하다. 공항이 없기 때문이다. 제주 사람이 대전에 가려면 인근 청주공항을 이용해야 한다. 항공편이 적은 것은 아니지만 김포나 김해처럼 마을버스 가듯 운항편이 자주 존재하는 것도 아니다. 청주공항에 도착해서 대전 시내까지 가려면 다시 대중교통을 이용해야 하니 멀고 먼 여정이다. 학생들은 대부분 한국 국적이고, 모르긴 해도 수학 여행이나 가족 여행 등으로 제주를 한 번쯤 다녀온 학생이 부지기수였을 것이다. 하지만 제주 사람이 공항 없는 광역시를 가는 것이 힘들 거란 상상을 하기란 쉽지 않다. 타인의 입장에서 생각해보는 건 그만큼 어려운 일이다.

외국이라고 예외가 아니다. NPR이라는 미국 공영 라디오에서 뉴욕 시민을 대상으로 미국 전체 국민의 생활 방식에 관한 다양한 설문조사를 실시했다. 그중엔 미국인들이 대중교통을 이용해서 출근하는 비율이 얼마나 될 것 같냐는 질문도 있었는데, 이에 대한 뉴욕 시민의 응답이 흥미로웠다. 뉴욕 시민들은 적어도 미국 시민의 30퍼센트, 많게는 50퍼센트가 대중교통으로 출퇴근을 할 것이라 답했다. 실제로 미국 시민이 대중교통으로 출퇴근하는 비율은 10퍼센트가 채 되지 않는다. 뉴욕을 제외한 나머지 지역 국민의 90퍼센트가량이 개인 차량을 이용해 출퇴근을 한다.

이런 응답이 나온 이유는 간단하다. 뉴욕 시민의 대중교통 출퇴근율이 54퍼센트로 매우 높기 때문이다. 자신의 입장에서 단정적으로 확신하는 것은 오판하게 만든다. 기획자는 어떤 역량을 지니는가도 중요하지만 무엇을 버릴

줄 아는가도 중요하다. 특히, 이런 식의 '보나 마나야'식의
단정적 태도는 아주 위험하다.

기획할 때 '나'란 편견은 방해가 된다. 내가 당연하다고
생각하는 것이 주변에서 얼마든지 소수일 수 있다. 지금은
다수였다고 해도 먼 훗날 소수가 될 수도 있고, 피부색처럼
여기선 다수인 것이 저기선 소수가 되는 경우도 허다하다.
문제는 마이너리티를 불안해하는 마음이다. 그런데 마이너
리티는 결코 나쁘지 않다. 내 생각이 결국 소수라는 사실과
내가 어느 정도 마이너리티인지 아는 것은 기획자의 기본
소양이다. 약자를 돕거나 다양성을 인정하는 게 옳은 일이
어서이기도 하지만 그게 새로운 인식을 만들어내기 때문임
을 기획자는 알아야 한다.

그런 의미에서 기획자를 꿈꾸는 이들이 인간을 단순하
게 분류하는 이야기를 진지하게 받아들이지 않았으면 좋겠
다. 가령 MBTI가 그렇다. 창작이나 기획자를 꿈꾸는 이들
이 MBTI에 열광하는 모습을 보면 한숨부터 미어져 나온
다. 한두 가지 질문만으로 I형이라 단정 짓거나, 영업직을
힘들어한다고 E가 아니라고 판단하는 건 아무리 생각해도
바람직하지 못하다. 히틀러는 개를 좋아했지만 개를 좋아
하는 이가 모두 파시스트는 아니지 않은가. 인간에 대한 분

류는 분류하지 않으면 심각한 해악이 생길 때만 깊이 있게 다루고 연구해야 한다.

"이 사람은 지금 이러니까 이런 사람이고, 저 사람은 저러니까 저런 사람이란 표현을 섣불리 하지 말아야지"라고 버지니아 울프가 소설 《댈러웨이 부인》에 쓴 게 거의 100년 전이다(1925년 작품이다). 버지니아 울프는 라벨을 해체하는 작업, 곧 누군가를 이런 사람 저런 사람이라고 정의내리는 행위의 허위성을 폭로하는 데 작가 인생 대부분을 바쳤다. 덕분에 사회에서 낙인찍힌 약자들, 특히 여성이 숨통을 열 수 있었다는 사실은 의미심장하다.

언제부턴가 새로 온 직장 동료들의 자기소개 맨 위 줄은 당연한 듯 MBTI 차지가 됐다. '이거면 제가 어떤 인간인지 알겠죠?'라는 뜻이겠지만 나는 알파벳 네 글자를 보고 짐작되는 것이 아무것도 없어 답답하기만 하다. INFJ니 ESTP니 하는 것들이 내 눈엔 그냥 'AB형 쥐띠' 이상의 의미로 읽히지 않기 때문이다. 옆자리 동료에게 물었다. "이 사람이 어떤 사람인지 알겠나요?"라고. 그랬더니 너무 잘 알겠다고, "(다른 동료인) ○○과 같은 타입이잖아요!"

어떻게 저 알파벳 네 글자만 보고 대화도 나누지 않은 사람을 알 수 있다고 자신할 수 있을까. 내가 트렌디하지 못해서일지 모르겠지만 그 확신이 늘 신기하면서도 아슬

아슬하다. 정녕 그렇게 인간을 분석해줄 네 글자가 필요하다면 AGTC라는 아미노산 단백질의 순서 즉, 유전 물질 분석 정도가 더 충분하지 않을까. '말이 갑자기 식당에 들어와서 당신에게' 어쩌고 하는 질문보다 염기서열이 개인의 형질을 더 잘 설명해줄 텐데…. MBTI뿐만이 아니다. 피부색, 국적, 거주지, 학력 등으로 누군가를 재단하는 사람과 나는 대화하지 않는다. 그런 사람의 글도 읽지 않는다. 타인을 일반화하는 것은 기획에서 가장 적대시해야 하는 일이다. 뚱뚱한 사람은 게으르다거나 백인들은 모두 나쁘다거나 모든 계부, 계모는 나쁘다거나 하는 식의 입장을 취한 기획은 읽지 않는다.

결국 기획의 핵심은 사람의 욕망이나 고통 즉, 마음을 살피는 일이다. 더불어 같은 현상을 관찰하고 그걸 이야기해보며 저마다 마음을 움직이는 순간이 다르단 걸 깨닫는 시간도 필요하다. 그러다 보면 사람과 사람 사이의 차이에 민감해진다. 그 차이를 갖고 놀 수 있는 여유가 생기고 생각의 칸막이를 무너뜨리면서 새로운 발상으로 자유롭게 뻗을 수 있다. 같은 것을 보고 같은 걸 생각하면 보편적 코드의 단서를 구한 것이니 좋고, 같은 것을 보고 다른 걸 확인한다면 사람과 사람 사이의 차이가 존재한다는 감수성을 키울 수 있으니 그건 그것대로 건강한 일이다.

사람과 사람 사이에는 여러 가지 다름이 있다. 그런데 우리는 다름을 제대로 다루지 못할 때가 많다. 생각이나 입장의 차이를 부질없는 대립으로 악화시키기 일쑤고 회피하고 고개를 돌리면서 스스로를 가두는 경우도 많다. 이런 감수성에서 좋은 기획이 나올 리 없다.

아웃도어 브랜드 파타고니아의 원래 회사명은 창업주 이본 쉬나드 Yvon Chouinard의 이름을 딴 '쉬나드 이큅먼트 Chouinard Equipment'였다. 지극히 자기중심의 브랜드명이었다. 물론 제품력이나 브랜드에 대한 자신감이 그 자체로 나쁠 건 없다. 하지만 쉬나드 이큅먼트가 파타고니아로 이름을 바뀌게 된 이유를 알게 되면 결국 '나'보다는 '타인의 욕망'이 중요하다는 걸 깨닫게 된다. 1970년대 사람들에게 아웃도어 문화는 매우 일반적이어서 웬만한 곳에 인류의 발길이 닿지 않은 곳이 없었다. 하지만 파타고니아는 유럽이나 미국 사람들에게 아직 가본 적 없는 미지의 공간이었다. 즉, 타인이 꿈꾸는 욕망을 그대로 브랜드 이미지로 만들어 성공한 셈이다.

기획자로서 배워야 하는 기본자세가 있다면 내가 아닌 타인의 입장에서 사고해보는 객관화 능력이다. 다른 사람에게도 이것이 흥미로울까 하는 생각. 내가 중요하다고 생각하는 메시지를, 열정을 갖고 전한다는 독단적인 자세만으로는 객관성을 갖출 수 없으며 무슨 말을 하던 아무에게도 신뢰받지 못한다. 한 발짝 뒤로 물러나 객관적인 시각을 가진 사람들에게 물어보고 조사해야 한다. 그 사람들이 중요하다고 말해야 소비자 혹은 시청자가 귀담아듣는 기획이 탄생한다. 기획에서 페르소나는 누군가의 입장이 되어보란 뜻이기도 하다. 타인지향성. 페르소나는 기획자에게 가장 중요한 타인지향성을 길러준다.

　타인을 이해하는 것은 기획에서 막중하다. 산업은 위생이나 기아 같은 보편성 높은 문제 해결에서 보편성이 매우 낮은 문제 해결로 산업 경향이 흘러가고 있다. 기존의 공리적이고 수단적인 것에서 자기충족적이고 자기완결적인 것으로 전환되고 있다는 뜻이기도 하다. 서점에 가보라. 모두 '내 인생 어떻게 사는 게 좋을까'에 대한 책이 대부분이다. '어떻게 하면 모두가 배부를 수 있을까'보다 '어떻게 하면 내가 자아를 실현할 수 있을까'가 더 궁금한 시대다.

　자, 이제 내 기획이 필요한 단 한 사람을 떠올려야 한다. 모두를 만족시키는 기획 같은 건 애당초 없다. 무라카미 하루키는 《달리기를 말할 때 내가 하고 싶은 이야기》에서 재즈 카페를 운영하던 시절을 회상하며 열 명 중 한 명만 단골이 되면 족하다고 했다. 열 명 중 아홉 명이 마음에 들어 하지 않거나 자기 가게를 모르더라도 괜찮다는 것이다. 다만 그 '한 사람'에게는 철저하게 마음에 들겠다 답했다. 그러기 위해 가게를 운영하는 데 최선을 다해야 한다 했는데, 기획도 이와 다르지 않다. 명심하자. 드릴을 구매하는 사람은 드릴이 필요한 게 아니라 구멍이 필요한 것이다.

자, 이제 내 기획이 필요한

단 한 사람을 떠올려야 한다.

모두를 만족시키는 기획 같은 건 애당초 없다.

다만, 그 '한 사람'을 철저히 만족시킨다.

이종교배

: 흥미로움을 만드는 필살기

나고야 대학교 유전공학부와 닛산 자동차의 흥미로운 실험이 화제가 됐던 적이 있다. 닛산 자동차의 도료에 유전공학부가 개발한 DNA를 넣는 실험이었다. 처음에는 미세하게 다르면서 다양한 색을 개발하려는 의도인가 보다 했지만 진짜 실험 목적을 읽고 매우 놀랐다. 그들은 이 실험을 통해 일본에서 일어나는 뺑소니 사고를 0건으로 만들 수 있다고 기대했다. 목격자나 CCTV가 없는 곳에서 발생한 뺑소니 사고는 수사에 큰 난항을 겪는다. 그런데 이 자동차 회사와 유전공학부는 대부분의 뺑소니 사고에 도료 자국이 남는다는 사실에 주목했고 만약 도료 속에 DNA가 들어 있

다면 소유 차주를 쉽게 추적할 수 있다는 설명이었다. 예산
상의 이유로 중단된 프로젝트가 되었지만 이종異種의 것들
이 만나 아이디어를 낼 때 얼마나 흥미로워지는지를 알려
주는 대표적 사례다.

기획은 사람의 마음을 움직이는 일이다. 사람의 마음을
움직이는 분명한 규칙 중 하나가 바로 불일치 이론이다. 어
떤 상황이나 사유에서 상호 공존할 수 없을 것 같은 두 가
지를 연결시키는 것을 말하는데 이연연상 혹은 이원결합
이라고도 한다. 뺑소니범 추적 도료 개발 같은 기발한 문제
해결을 위해 이종교배적 상상을 하라는 건 아니다. 엉뚱한
두 가지를 결합하는 것도 좋지만 현상에 대한 원인을 엉뚱
한 곳에서 찾아보는 것도 이종교배다. 이런 상상은 두 가지
장점을 얻게 한다. 뻔한 정답과 결론을 내지 않는 집요한
힘을 길러주며, 진짜 문제가 무엇이었는지 알게 되는 통찰
력을 갖추게 한다.

가령, 인상주의 시대를 연 것은 에두아르 마네, 클로드
모네, 오귀스트 르누아르 같은 화가지만 그들이 빛의 이동
에 따라 변하는 아름다움과 자연을 캔버스에 담을 수 있었
던 건 야외로 가지고 나갈 수 있는 튜브 물감과 쉽게 이동
할 수 있는 기차의 발명 덕분이었다. 얇은 주석 튜브에 물
감을 담아 보관하기 전까지 물감은 돼지 오줌보에 저장했

다. 쉽게 물감이 굳어 매번 번거롭게 색소를 갈아 새로운 물감을 만들어야 했다. 보관과 운반이 쉬운 튜브 물감이 출시되자 화가들이 그림을 그리는 대상도 달라진 것이다. 르누아르가 튜브 물감이 없었으면 인상주의도 없었을 거라 말했을 정도다.

그림 이야기를 조금 더 해보자. 빈센트 반 고흐는 유독 야경을 많이 그린 화가였고, 그런 작품들이 사랑도 많이 받았다. 〈밤의 카페테라스〉가 대표적이다. 한데 이런 야경 그림을 에디슨의 전구 발명과 한 축에 놓고 생각하는 이는 많지 않다. 유명한 〈별이 빛나는 밤에〉란 작품 역시 전깃불로 밝힌 밤이 별빛의 낭만을 불러낸 사례다. 튜브 물감을 만든 사람이나 에디슨은 자신의 발명품이 예술사에 커다란 조력자가 될 거란 기대는 없었을 것이다. 하지만 예술사에 일대 변혁을 불러왔다. 어떤 계기가 가져올 변화는 결코 그 끝을 예측할 수 없다는 점에서 튜브 물감과 전기는 같은 이야기를 들려준다.

이종의 대상에서 통찰을 할 수 있는 이유는 세계의 운행과 사물의 법칙이 큰 틀에서 보면 다르지 않기 때문이다. 칼과 붓이 다르지 않고, 사진과 요리, 열대어 기르기, 십자수 하기 등이 모두 다르지 않다. 모르긴 해도 사진 찍기에 관한 입문서나 레시피에 관한 입문서나 서로 똑같은 원리와 운행 법칙에 기초해 있을지 모르며, 명민한 어머니는 열대어 기르기 입문서에서 양육에 대한 중요한 비의들을 캘지도 모른다.

일본의 동경대와 함께 노벨상 수상자를 가장 많이 배출한 자타공인 세계 최고의 기초 과학 명문 교토대에는 이공계열 신입생들에게 꼭 물어보는 질문이 있다고 한다.

"과학에 관심을 갖게 된 계기가 무엇인가."

흥미롭게도 화학과 응답자 중 어린 시절에 갔던 '하나비(불꽃축제)'를 언급하는 학생이 많단다. 아름다운 불꽃을 내 손으로 직접 만들어보고 싶다거나 내 눈앞에서 확인하고 싶었다는 식. 이도 저도 아닌 그냥 '너무 예뻐서'라는 이유도 다수라고 한다. '예뻐서 좋아진 마음'이 교토대까지 오게 만든 것이다. 흔히 과학은 감성이 배제된 영역이고 미는 예술의 영역으로만 떼어두기 쉽지만 그런 것과 상관없이 누구에게나 아름다움에 대한 집착은 있다. 발현되는 형태가 과학이었을 뿐이다.

이런 호환성을 볼 줄 아는 것이 기획 고수들의 세계다. 통섭이라고도 하는 모양이지만 본질은 같다. 어떤 일에는 특정 라이센스가 필요할 수 있다. 하지만 기획이나 창작은 라이센스가 필요한 일이 아니며 가끔은 아예 새로운 만남이 새로운 결과로 이어질 수도 있다. 하찮은 일 같은 건 없다. 일을 대하는 하찮은 마음이 있다면 또 모를까.

　당연한 이야기지만 이종의 것을 만나게 하기 위해서는 이종의 것들이 내 안에 많아야 한다. SF와 스릴러물을 주로 쓰는 스티븐 킹은 90여 편의 장르물을 썼다. 스티븐 킹은《유혹하는 글쓰기》에서 독서에 대한 그의 열정을 수차례 설파한다. 그의 삶 자체가 책을 손에서 놓지 않는 이른바 수불석권手不釋卷이었는데, 매년 수백 권에 달하는 책을 읽었다고 한다. 그런 스티븐 킹에게 글쓰기는 학습의 대상이 아니었다. 그저 독서의 부산물일 뿐이었다. 글쓰기는 오직 그가 독서를 사랑한 덕분이었다.

　이종의 많은 것을 퍼내려면 내 안에 이종의 많은 것을 고이게 해야 한다. 책도 좋고 전단지도 좋은 이유가 여기에 있다. 자기가 좋아하는 장르나 매체가 있다면 깊게 파보는 것도 언젠가 어떤 형태로든 도움이 된다. 영화감독 쿠엔틴 타란티노가 감독이 되기 전 비디오 가게에서 아르바이트했던 시간은 그가 장르의 장인으로 거듭나는 데 어떤 형태로든 도움을 주었다. 애정의 힘을 결코 과소평가해선 안 된다. 좋은 기획 앞에 기획의 선배는 무의미하다.

　여담이지만 이종교배는 광고카피를 내는 데도 매우 유용한 방식이다. 카리스마는 일반적으로 쓰이는 보통의 단어다. 여기에 '거친', '강한' 같은 뻔한 형용사가 결합할 때 우리는 이를 상투적이라 부른다. 그런데 기존에 결합되던 뻔한 형용사와 정반대되는 그러니까, '거친'의 반대인 '부드러운'이나 '소프트' 같은 형용사를 붙이는 것만으로 기존과 다른 주목도 높은 카피가 완성된다. '소프트 카리스마'는 실제로 한 여자대학교와 완성차 업계가 사용했던 카피인데 사실 이 방식은 광고대행사 카피라이터가 카피를 손쉽게 뽑는 방식이기도 하다.

이 방식은 광고대행사나 카피라이터가 처음 고안한 것이 아니다. 어릴 적 국어 시간 역설법을 배울 때 교과서에서 접한 유치환의 시구, '소리 없는 아우성'의 변형태일 뿐이다. 더 이전으로 톺아가면 셰익스피어의 '분노와 소리로 가득 찬 공허Full of sound and fury'가 등장할 정도로 이 방식의 역사는 유구하다.

매번 엉뚱한 나비 효과를 상상하거나, 이종의 것들을 결합해보며 사는 건 매우 피곤한 일이다. 하지만 기획자로 살기로 결심했다면 세상을 피곤하고 집요하게 바라봐야 한다. 기획자로 산다는 건 타인이 보지 못한 무언가를 끝없이 관찰하고, 말하지 않는 고민을 포착해내고, 전혀 상관없는 것들 사이에서 인과관계를 파악해 이야기로까지 만들어내야 하는, 그러니까 듣기만 해도 피곤한 일이다.

어떤 분야에 스스로 깊이 빠지면 필경 깨달음을 얻는다. 이것은 기획자라는 직업 너머의 가치가 주는 희열이며 언필칭喜必稱 기획자를 지탱해주는 힘이다. 재밌다고 해도 일인 이상 이 일을 하다 보면 가끔은 힘들거나 지루할 수밖에 없다. 결국 앞서 말한 희열이 고된 일상의 자양이 되고, 고단한 삶의 버팀목이 된다.

상호 공존할 수 없을 것 같은

두 가지를 연결시키는 것을

이종교배라고 한다.

이런 호환성을 볼 줄 아는 것이

기획 고수들의 세계다.

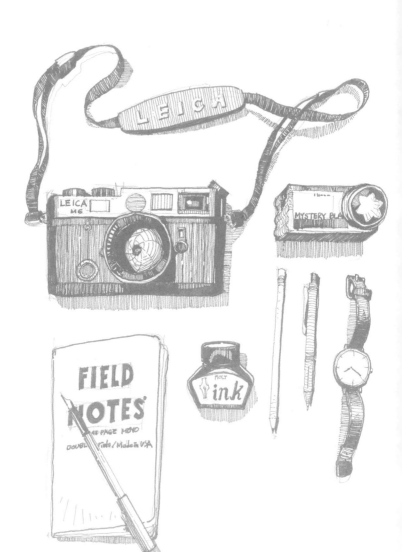

필기구

: 도구의 힘

도구는 누구에게나 필요하다. 기획자도 예외가 아니다. 나 같은 경우엔 수첩과 만년필, 그리고 잉크에 광적으로 집착한다. 평생을 다 못 쓸 만큼의 수첩과 만년필과 잉크가 집에 있지만 여행 중에 마음에 드는 것이 보이면 또 구매한다. 기획자 중엔 이렇게 자기만의 것에 집착하는 이가 많은데, 이런 이가 모두 기획자가 되는 건 아니지만 기획자는 대부분 이런 사람인 경우가 많다. 글을 쓰는 사람 중에도 필기구나 노트에 광적으로 집착하는 사람을 많이 봐왔다. 필기구 모으는 습관을 가진 기획자가 나뿐이 아니라는 점은 큰 위로가 된다.

왜 아니겠는가. 휘발되지 않게 붙들어두는 빼곡하게 얇고 큰 것. 생각하기 위해, 창조하기 위해 우리는 뭔가를 적어두어야 하고 생각을 체계화해야 한다. 그러기 위해 필기구와 수첩이 꼭 필요하다. 글을 쓸 때마다 인간의 생각이란 고갈될 수 없다는 사실을 매번 느낀다. 모니터 앞에서는 그저 멍하니 있게 되지만 펜을 들게 되면 뭐라도 끄적거리게 된다. 모니터보다는 우선 널따란 백지에 한 글자, 한 글자 써내려갈 때라야 비로소 기획이 풀리는 것은 오롯이 잉크와 만년필의 힘이라고 믿고 싶다.

매번 잉크를 채워 넣어야 하고 메모지를 늘 품고 다녀야 하는 만년필은 그 두 가지가 필요 없는 스마트폰에 비해 당연히 불편하다. 하지만 지금까지 만년필을 쓰는 사람 중에 이 불편함을 못마땅해하는 사람을 만나본 적이 없다. 오히려 잉크를 채우고 닙을 휴지로 닦는 과정이 모눈종이처럼 바쁜 일상에 정신의 객석을 마련해주니 오히려 좋다는 사람을 훨씬 더 많이 만났다. 기획자에겐 자기만의 필기구가 필요하다.

조지 오웰의 고전《1984》에는 가상 국가 오세아니아가 등장한다. 이 국가는 모든 것을 감시하고 통제하는데 흥미롭게도 필기구나 공책을 갖는 것 역시 위험한 행동이라며 금지한다. 기록한다는 것, 혹은 과거를 기억할 권한은 오직 국가만 가지고 있어야 한다는 거다. 개인 필기구는 처벌 사유가 된다. 기록하지 않는다면 모든 게 시간 속에서 휘발된다고 생각한 것이다.

디지털이 지배하는 오늘 사회에서 끝까지 필기구라는 도구가 사라지지 않는 까닭도 한번 생각해보면 좋겠다. 디지털 기기의 발달을 모르는 바 아니다. 하지만 나는 그 기기들이 생산성을 얼마나 높여주었는지에 대해서는 의문이다. 영화 〈아폴로13〉은 1970년대 쏘아 올린 아폴로 13호의 사고를 소재로 한다. 치명적인 사고를 일으킨 우주선 안에서 톰 행크스가 연기한 선장 짐 러블은 궤도 수정 계산을 다시 하는데 이때 선장이 계산에 사용한 도구는 첨단 컴퓨터가 아니라 연필과 지우개, 그리고 자slide rule였다. 당시 계산기는 매우 느리고 고가의 장비였다. 나사NASA 역시 대부분 전자계산기를 사용하지 않았다. 그렇게 없는 것투성이들 시대보다 팩스, 복사기는 물론 PPT, 엑셀, 노션 등의 다양한 기술로 무장한 2000년대의 생산성 상승률 즉, 성장세는 훨씬 뒤떨어진다. 인터넷이 도입되고 스마트폰이 생겨나면서 생산성이 크게 개선되었다고 생각할지 모르지만 그런 기술들이 생산성 둔화 곡선을 드라마틱하게 바꾸지는 못했다.

기획자에겐 분야를 막론하고 어느 정도의 미감이 필요한데, 그런 의미에서도 나만의 필기구를 가져보는 게 좋다. 가령 격조 있는 호텔에는 수준에 걸맞은 고유의 문장紋章이 있고 그렇지 않은 호텔이라 해도 나름의 일관된 브랜드 디자인이 있다. 호텔의 편지지와 스테이셔너리를 수집하는 나는 그것들의 수준이 곧 호텔의 수준이라고까지 여긴다.

필기구뿐 아니다. 훌륭한 종이 또한 기획자에게 영감을 준다. 종이와 편지는 전자電子로는 절대 전할 수 없는 우아한 미디어로 진화할 것이다. 타이핑된 본문에 육필 사인이 들어가면 문서는 숨이 막힐 정도로 아름다워진다. 종이란 것은 초기 공정에서는 사람 손이 많이 가지 않는다. 롤러에 물을 빼내고 압착하는 과정은 한국의 '한지'가 아닌 이상 대부분 기계가 해낸다. 기계가 훌륭하게 해낼 수 있는 것을 사람이 한다고 하여 '수공업'이니 '100퍼센트 수가공'이니 떠들어 대는 것은 견강부회牽強附會다. 사람이 할 수밖에 없는 작업을 얼마나 정성스럽게 해서 제품을 만들어냈는가 하는 점이 훌륭한 '수제품'의 기준이어야 한다.

훌륭한 지질의 일본 노트들은 기계가 하는 것이 더 나은 공정은 철저하게 기계에게 맡기고, 종이의 상태 검수 등 치밀하게 진행해야 하는 일은 모두 사람이 한다. 임의로 고른 종이를 모든 필기류와 다양한 압력으로 테스트하여 번

짐의 정도, 선명도, 뭉개짐, 일어남의 정도를 보는 일은 모두 사람의 손으로 한다. 결국 최종적으로 필기를 하는 사람의 심정이 되어보는 것은 기계가 할 수 없으니 매우 합리적인 방식이라고 여겨진다. 이렇게 탄생한 일본의 유명 지류 브랜드의 노트 내지를 쓰다듬어보라. 품질은 물론 이런 종이 하나에도 최선을 다하는 사람이 있다는 깨달음에 어떤 삶의 태도마저 배우게 된다.

좋은 필기구나 지류는 지금의 인정을 받기까지 견뎌온 지난했던 시간과 스마트폰 시대에 살아남으려는 분투가 있다. 화려한 조명을 받지 못하는 곳에서도 몇십 년간 꾸준히 자기 일을 하는 사람들과 그들이 만든 제품. 기획자는 그들의 작업을 신뢰하고 응원할 줄 알아야 한다. 그들이 보여준 삶의 태도가 내게도 깃들었으면 좋겠다는 마음으로.

기록

: 쓰지 않았다면 그건 없는 것이다

기획자의 주요 역량이기 때문에 꼭 명심해야 할 단어다. 유명인 중에 기록의 중요성을 강조하지 않은 사람을 찾기 힘들 정도다. 포드 사장이자 미국방부 장관이기도 했던 로버트 맥나마라 Robert McNamara 는 늘 기록의 중요성을 강조했다.

"기록해라. 종이에 써라. 아직 종이에 쓰지 않았다면 그 생각을 하지 않은 것이나 다름없다."

기록광이라는 말을 듣는 나조차 저 말 앞에선 뭘 그렇게까지 닦달할 일인가 싶어진다. 아마 당시에도 꼰대 소리 엄청 들었을 게 뻔하다. 종이에 써보지 않으면 머릿속에 들어 있는 건 부족하고 막연한 의식덩어리라는 뜻 정도를 말하고 싶었으리라. 하지만 맥나마라가 결코 거짓을 말한 것은 아니다.

한 대학생 친구가 팬이라며 내 책을 읽고 만나고 싶다기에 사무실로 초대한 적이 있다. 그는 책을 읽고 느끼는 게 많았다고 했다. 여행에 대해 많은 생각을 하게 되었다고, 자신도 마케팅이나 광고 분야의 기획자를 꿈꾼다기에 내친 김에 마주 앉아 이야기를 나누었다. 그러다 기획자는 어떤 콘텐츠를 읽고 '느끼는 게 많다', '많은 생각을 하게 됐다'는 식의 두루뭉술한 이야기를 줄여나가면 좋다는 이야기를 들려줬다. 평소 누군가에게 조언하는 걸 누가 뱉어놓은 가래침만큼이나 싫어하는 나지만 꼭 이 이야기만큼은 해주고 싶었다.

아무리 육중한 생각이 있더라도 한 줌의 빙산으로 떠오르지 못하면 그 생각은 세상에 없는 것과 마찬가지다. 중요한 메시지도 전달되지 못하면 결국 존재하지 않는 것과 다름없다. 반면 한 줌의 문장이라도 쓸 수 있다면 타인으로 하여금 해수에 잠긴 거대한 생각에 다다르게 할 수 있다. 어떤 기획을 하던 내 기획 결과물을 접하는 대상이 있기 마련이다. 그런데 대부분 그 접점에는 기록된 언어가 존재할 수밖에 없다.

여행지에서 흔하게 눈에 띄는 관광객들의 셀카봉이 특

허로 출원된 것은 1983년이었다. 하지만 당시에는 셀카봉에 장착할 만한 가볍고 성능 좋은 카메라가 없었다. 사진을 즉석에서 공유할 SNS도 물론 없었다. 그러다 고화소의 가벼운 스마트폰이 등장하며 셀카봉이 주목받기 시작했다. 아이디어가 시대를 주름잡은 게 아니라, 시대가 아이디어를 불러낸 것이다. 그러므로 써야 한다. 시대가 언제 내 아이디어를 불러낼지 모른다. 그때 제 역할을 해내는 것이 기록이다.

　　기록은 기획자에게 생각 정리와 객관화에 도움을 준다. 퇴고를 잘하는 작가들을 보라. 누구보다 냉정하고 침착한 자들만이 퇴고의 중요성을 안다. 당연히 글의 완성도도 높다.
　　앞 문장을 쓰는 동안 뒤 문장을 잊기도 하지만 그래도 꾸준히 글로 써서 남기는 건 기획자 자신의 삶에도 좋다. 결국 생이 유한하다는 두려움 때문에 우린 뭔갈 남기고 쓴다. 내가 사는 동안 다시 환기할 수 있을까 하는 불안 말이다.
　　"이 전쟁이 어떤 식으로 끝나든지 간에, 너희와의 전쟁은 우리가 이긴 거야. 너희 중 아무도 살아남아 증언하지 못할 테니까. 혹시 누군가 살아 나간다 하더라도 세상이 그를 믿어주지 않을걸."
　　프리모 레비Primo Levi의 《가라앉은 자 구조된 자》를 보면 홀로코스트를 연구한 유대인 시몬 비젠탈[Simon Wiesenthal]이 나치에게 들었다는 말이 나온다. 나치처럼 세상도 내 이야기를 믿어주지 않을지 모르니 꾸준히 기록해야 한다. 아니, 내 이야기 자체를 기록해주지 않을 테니 내가 써내려가야 한다. 기록하지 않은 삶은 기억되기 어렵고 기억되지 못한 시간은 허무하게 사라져버린다. 기록은 기획자에게 훌륭한 자기 '증명'의 수단이 되어준다. '특별한 에피소드보다 일상을 특별하게 보는 눈'이라는 문장은 평소 내가 즐겨 쓰는 말이다. 글쓰기니 기획이니 하는 것도 결국 모아놓고 다 정제해보면 심심한 진실만 남는 거다. 삶은 일상의 연속이며 일상은 본디 거룩하니까.

경쟁 프레젠테이션에서 있었던 일이다. 한창 프레젠테이션을 하는데 같이 동석한 팀원 하나가 내내 메모를 하는 것이다. 보통 프레젠테이션을 할 때는 동석자가 딱히 할 일이 없다. 끝나고 질의응답 정도를 기록하면 모를까, 한창 프레젠테이션이 진행될 때는 딱히 할 일이 없는 법이다. 그런데 뭔가를 끝없이 쓰기에 돌아오는 길에 물었다. 무엇을 그렇게 열심히 썼냐고. 팀원이 메모를 보여주며 들려준 대답은 놀라웠다.

"아, 그거요. 어떤 심사위원이 어떤 슬라이드에서 어떤 리액션을 하는지 제 나름의 방식으로 한번 기록해봤어요."

아닌 게 아니라 노트에는 회의장의 평면도와 참여한 평가자들의 위치가 마치 전쟁 상황판처럼 그려져 있었고, 그 아래에 '빨간색 옷 입은 여자 12페이지에서 고개를 많이 끄덕임', '임원으로 보이는 남자 키프레이즈 등장할 때 크게 웃음(예상 적중)', '안경 쓴 남자 98페이지 자료를 보며 옆자리 여자와 귓속말' 등의 메모가 두서없이 쓰여 있었다.

"팀장님이 늘 말씀하시잖아요. 기획이란 게 인간의 마음을 움직이는 거라고. 근데 사실 말이 쉽지, 인간의 마음이 언제 움직이는지 알아채는 게 어렵더라고요. 그게 정답이 있는 영역도 아니고, 인간의 마음이란 게 워낙 상대적이고 다양하니까. 그래서 이런 프레젠테이션 장소에 따라올 기회가 있으면 어떤 내용에 사람들이 반응하는지 한번 살펴보고 싶더라고요. 어디서 웃는지, 어디서 동공이 커지는지, 어느 부분에서 자세를 고쳐 앉는지. 어느 페이지에서 지루해하는지까지도요. 그런 게 축적되면 꼭 설명할 수는 없더라도 인간의 마음이 언제 움직이는지 알게 되지 않을까 생각했어요."

나는 후배의 노트를 본 이후, 기록하지 않는 성장을 믿지 않는 편견이 생겼다.

●

아무리 육중한 생각이 있더라도

한 줌의 빙산으로 떠오르지 못하면

그 생각은 세상에 없는 것과 마찬가지다.

반면 한 줌의 문장이라도 쓸 수 있다면

타인으로 하여금 해수에 잠긴

거대한 생각에 다다르게 할 수 있다.

데이터

: 데이터는 서사를 만날 때 강력해진다

데이터를 신봉하지 말라고 앞서 이야기했지만, 그걸 무시하란 소리로 받아들이면 곤란하다. 사람들이 건강검진을 신뢰하는 이유는 감으로 당뇨나 고지혈증을 진단해주는 게 아니라, 차트나 그래프 수치 등의 증거를 들이밀기 때문이다. 물론 모든 사람이 다 그렇지 않겠지만 나는 이런 수치에 영향을 받는다. 발이 조금 아프다는 건 오래전부터 알았지만 의사가 몇 번의 채혈 후 모니터를 통해 구체적 통풍 수치를 보여주고 나서야 많은 것을 끊었다. 그 어떤 말들보다 차트가 보여주는 숫자는 강력했다.

미국 경제전문 월간지 〈패스트 컴퍼니Fast Company〉는 미국 부자 상위 1퍼센트가 전 세계 부의 절반 이상을 차지한다는 기사 하나로 화제가 되었고, 사람들이 양극화에 대해 다시 생각해보는 계기가 되었다. 간단한 사실 하나만으로도 사람들은 깜짝 놀란다.

이처럼 데이터는 기획에서 설득력을 높일 수 있는 필수 식재료다. 데이터는 힘이 있다. 그걸 부정할 순 없다. 다만 데이터 분석 중심으로 일을 하다 보면 직관력과 비즈니스 리터러시가 부족해지는 경우가 많고, 이렇게 되면 현장에서 풀려는 문제와 동떨어지게 된다. 더 나아가 마케팅이니 브랜딩이니 하는 것들은 환자의 의학 차트와는 다르다.

이 때문에 데이터를 매우 어려워하는 기획자가 많다. 실제로 데이터를 능숙하게 다루는 기술은 익숙해지는 데까지 시간이 매우 많이 든다. 문제는 기획자들이 데이터를 배워서 해결하려는 것들이 사실은 그다지 어려운 데이터 분석을 필요로 하지 않다는 데 있다. 비즈니스 리터러시가 매우 높은 기획자들이 데이터 리터러시 능력이 부족해 실제 현장에서 효과적으로 쓰이지 못하는 경우가 다반사다. 최근 기업에서는 데이터 리터러시와 비즈니스 리터러시의 융합을 중요하게 여긴다. 특히 광고기획 영역에서는 기획의 신선하고 흥미로운 원물로 데이터를 바라볼 수 있는 능력이 커지고 있다.

데이터는 소비자들이 불편해하는 것이 무엇인지 파악하고, 기존 브랜드에 대해 어떻게 생각하는지를 확인시켜준다. 물론 데이터 자체보다는 그 속에 숨어 있는 맥락을 읽어내는 것이 중요하다. 데이터 분석의 실력자는 데이터를 바라보는 관점을 잘 다루는 사람이라고 보는 게 맞다.

빈 의자가 3,044개가 놓인 졸업식이 있다. 이 빈 의자는 총기 사고로 목숨을 잃은 미국 학생들이 살아 있었다면 졸업생이 되었을 숫자다. 졸업식의 축사하는 사람은 놀랍게도 전미총기협회 출신의 회장이었다. 자신들이 지지했던 총기 소지 정책으로 인해 목숨을 잃은 학생들 앞에서 축사를 읽을 수 있겠느냐는 질문을 던지며, 결국 미국의 총기 정책은 잘못되었음을 알린다. 이 영상은 총기 사고에 대한 인식 제고와 총기 규제 강화를 알리기 위해 진행된 캠페인 '잃어버린 교실The Lost Class'의 일환으로 칸 국제광고제에서 수상했다. 미국 10대의 총기 관련 사망률은 이미 교통사고 사망률을 뛰어넘은 지 오래다. 2021년 한 해에만 3,044명의 고교생이 죽었는데, 이 사실을 무미건조하게 전달했다면 아마 사람들의 마음을 극적으로 움직이기는 어려웠을지 모른다.

데이터는 사람들을 움직이는 강력한 힘을 지녔지만 보통 데이터 단독으로 가능하지 않다. 집단의 압력, 사회적 규범, 감정 호소가 더해져야 한다. 총기 사고를 막아야 한다는 건 모두가 동의한다. 하지만 많은 이들이 총기 사고 피해 당사자들이나 유가족만큼 절박하지 않다. '잃어버린 교실' 캠페인은 데이터에 서사를 부여함으로써 당사자가 아닌 이들의 행동을 유발했다. 이렇듯 데이터와 서사의 놀라운 만남은 행동까지 이어진다.

데이터 하나만으로는 부족하다. 데이터는 거짓말을 하지 않지만 대중은 데이터보다 이야기에 반응한다. 국제 NGO들이 난민이나 결식 아동의 통계 수치보다 이들 한 명 한 명의 이야기에 집중해서 모금 광고를 만드는 이유도 여기에 있다. 사람들은 숫자를 인위적으로 또는 엘리트주의적으로 인식하기 때문이다. 비즈니스의 모든 문제는 인간의 문제이고, 모든 데이터는 본질적으로 인간의 행동을 표상한다. 기억하자. 데이터는 서사와 만날 때 강력해지며, 모든 데이터의 꿈은 총기 규제나 난민 후원 같은 행동이다.

데이터에는 상상력도 필요하다. 대학내일 20대 연구소 자료에 따르면 20대 구직자들이 기업 정보를 얻기 위해 방문하는 플랫폼 중 유일하게 방문율이 상승한 곳이 바로 직장인 익명 커뮤니티 '블라인드'였다. 여전히 잡보드의 방문 비중이 블라인드보다 높지만 방문율에서는 블라인드만이 유일하게 상승했다.

블라인드는 익명의 직장인들이 모여 조직 이야기를 가감 없이 하는 곳이다. 그런데 아직 취업하지도 않은 이들이 어떻게든 아이디를 만들어 블라인드를 방문한다는 것은 무엇을 뜻할까? 바야흐로 조직 문화가 직장 선택에 중요해진 시대다. 직장 내 꼰대는 없는지, 성과 보상은 공정한지 등등 조직 문화의 중요한 요소는 기업 홈페이지나 잡보드로는 결코 알 수 없다. 대신 블라인드에 직장 내 괴롭힘 문화로 자주 노출되는 기업은 구직자의 선택을 받기가 어려워진다는 뜻이다. 나아가 나쁜 조직 문화의 방치는 인재의 선택을 저어하게 만들어 기업의 미래 경쟁력까지 떨어뜨린다.

이 데이터를 당신이라면 어떤 기획에 쓰고 싶은가. 나는 이 데이터를 직장 내 괴롭힘 예방 캠페인에 사용했다. 지금까지 한국 사회는 직장 내 괴롭힘을 가해자와 피해자 사이의 문제만으로 치부했다. 직장 내 괴롭힘은 처벌도 필요하지만 예방이 중요하다. 이때 가장 중요한 것은 가해자도 피해자도 아닌 조직 리더의 의지다. 리더도 모르진 않는다. 문제는 피부에 닿지 않는 위기감이다. 이때 구직자가 블라인드를 참고하는 데이터 수치를 제시하고 직장 내 괴롭힘의 방치는 기업의 미래 경쟁력까지 떨어뜨린다는 캠페인 메시지를 전했다.

데이터는 말 그대로 데이터일 뿐이다. 그런데 데이터가

불러올 결과를 상상하면 정말 중요한 타깃 조직의 리더를 움직일 크리에이티브가 매직 아이처럼 떠오른다. 데이터에도 상상력이 필요하다는 것은 이런 뜻이다. 디지털로 수집한 데이터 정보는 인간이 어떻게 행동하는지 설명해주지만 왜 그렇게 행동하는지는 설명해주지 못한다. 가령 누가 인스타그램에 '너 티셔츠 너무 예쁘다'고 댓글을 다는 행위가 정말 그 티셔츠가 마음에 들어서일까? 어쩌면 그는 사회적 관계를 유지하는 것일 뿐이며 티셔츠는 수단에 불과할지 모른다. 하지만 '좋아요' 데이터는 이런 맥락을 말해주지 않는다.

인테리어를 위해 구매하고 싶은 소품의 순위를 묻는 질문에 LP 플레이어, 무드 등, 빔프로젝터가 1, 2위를 차지한 적이 있었다. 이 데이터가 LP플레이어나 무드 등 등의 브랜드 마케팅 기획에 유용한 자료일 수 있지만 기획자는 데이터가 가리키는 더 깊은 방향을 볼 수 있어야 한다. 이 데이터를 자세히 보면 사람들이 구매하고픈 소품이 빛이나 소리처럼 질량은 없지만 공간을 가득 채우는 어떤 것임을 알게 된다. 결국 사람들이 원하는 것은 인테리어 소품 그 자체가 아니라 소품이 만들어내는 어떤 분위기임을 기획자는 채굴할 수 있어야 한다. '사금 캐듯 하라.' 데이터를 들여다보는 후배 기획자들에게 늘 해주는 소리다.

언어

: 기획자에게 많으면 많을수록 좋은 것

인간 탄환들이 모인다는 올림픽 남자 100미터 결승에서 일등과 꼴찌의 차이가 많이 날 것 같지만 하계 올림픽 결승에서 1초 이상 차이가 벌어졌던 적은 개최 이래 단 한 번도 없다. 2024년 파리올림픽에서도 1위와 8위는 0.1초밖에 차이 나지 않았다. 같은 재주를 가진 사람들이 같은 공간에 모여 있다면 그들의 능력은 어쨌든 대동소이하다. 마찬가지로 비슷한 과정을 거쳐, 같은 사무실 공간에 묶여 있는 동료라면 능력의 이격은 생각보다 크지 않다. 그럴 때 능력을 좀 더 빛나게 하는 것이 있다면, 바로 표현력이다.

옛날에는 이야기꾼이 있었다. 책을 읽어주는 강독사나

전기수, 이야기를 해주는 강담사 등이 그렇다. 책 읽어주는 사람이야 당시 언문으로 된 책이 별로 없어 그런 직업이 있었다손 치더라도 어디서나 들을 수 있는 이야기를 굳이 강담사를 통해서 들었던 이유는 그들이 이야기를 풀어내는 표현력이나 말맛이 남달랐기 때문이다.

기획자는 이야기꾼과 같다. 기획자에게 언어가 풍부하다는 것은 요리사에게 식재료가 풍부하다는 것과 같다. 언어는 기획안을 능숙하게 다룰 수 있는 도구이자 재료이기 때문이다. 기획에서 어휘력은 무척 중요한데 종종 쉽게 간과된다. 내용을 능숙하게 변주할 수 있으려면 다룰 수 있는 도구와 재료가 넉넉해야 한다. 느낌은 내 머릿속에 있을 뿐이다. 그 느낌을 다양한 언어로 묘사하고 표현할수록 연상효과를 낼 수 있다.

기획이나 제안서는 하루아침에 획기적인 진전 같은 게 없다. 늘 비슷한 생각만 한다는 고민이 들 때는 언어를 바꾸는 게 하나의 방법이다. 생각은 언어로 하는 것이기 때문에 언어가 상투적일 때 생각도 상투적이고 글쓰기 또한 상투적이게 된다. 고난의 역사는 고난의 말로 쓰라고 한 함석헌 선생도 아마 그런 뜻으로 말했을 것이다. 물론 쉬운 일이 아닌 거 안다. 하지만 불가능한 일도 아니다.

밈 같은 유행에 관심을 가지는 건 상관없지만, 생각까지 밈으로 하면 곤란하다. 인간은 새로운 것을 보여줄 때보다 추상적으로 생각하거나 희미하게 알고 있던 것이 선명해질 때 더욱 희열을 느낀다. 이때 필요한 것이 구체적으로 활자화할 수 있는 능력이다.

이미 내 안에 충분한 언어가 있다고 여기는 기획자들이 있다. 기획은 미사여구를 꾸며내는 작업이 아니므로 사실 많은 어휘를 알 필요는 없다. 오히려 기획자라면 적확한 곳에 정확한 뜻을 쓰는지 한 번쯤 돌아봐야 한다. 간혹 정확한 의미를 모르는 채 단어를 사용하기도 하기 때문이다. 내가 모르는 단어를 말하는데 남들이 제대로 알아들을 리 없다. 오른쪽이란 말을 오른쪽을 모르는 외계인에게 설명한다고 상상해보자. 시간이 무엇인지, 가족이 무엇인지는? 막상 설명하려고 들면 우리가 늘 사용하던 단어임에도 오른쪽이나 시간이란 단어를 설명하는 것이, 딥러닝이나 2차전지를 설명하는 것보다 훨씬 막연하다는 걸 깨닫게 될 것이다. 오른쪽이나 시간이란 개념은 모두가 알기 때문에 평소 구체적이고 알기 쉬운 정의를 내려본 적이 없기 때문이다. 당연히 외계인에게 설명하기도 어려워진다.

완벽한 정의 내림에 대한 우리의 역량은 이처럼 생각보다 성글다. 기획자가 쓰는 말은 대부분 관념어나 추상어이고, 이런 표현은 타인의 머릿속에 제 나름의 방식으로 존재한다. 이른바 저마다의 스키마Schema다. 이런 모호함의 안개를 걷어내고 명확하게 해주는 것이 기획자의 역량이다.

한 단계 업그레이드하자면, 어휘의 양보다 단어 사이의 유연하고 참신한 연결망을 만들 수 있다면 더욱 좋다. 뇌과학 용어로 말하면 시냅스의 연결이다. 사고력이 뛰어난 사람은 두뇌 안에 시냅스가 다차원적으로 배치되어 있다. 그래서 어떤 단어를 떠올리면 여러 단어들이 자동 연상되어 진동한다. 어떤 대상을 목격하거나 상황을 경험할 때 다양한 이미지가 따라온다. 그러한 네트워크 범위가 넓을수록 말장난부터 광고카피까지 능숙하게 구사할 수 있다. 다시 말해, 어휘를 인출하고 의미를 결합하는 성능을 말한다.

이 역량이 가장 뛰어난 이들은 바로 시인이다. 시인은 일상의 사소하고 진부한 경험에서 기이한 발견과 통찰을 이끌어낼 때가 많은데 그런 시선과 표현 방법은 머리를 탁 트이게 한다. 유강희 시인의 짧은 동시 〈차가 지나갔다〉는 은유의 좋은 예다.

"웅덩이가 날개를 편다."

빗물 고인 웅덩이 위로 차가 지나가는 장면은 누구나 쉽게 접하지만 물이 튀는 모습을 날갯짓과 연결하는 상상력은 아무나 발휘할 수 없다. 기획에도 이런 은유가 필요하다. 영화 〈일 포스티노〉에는 은유를 배우기 위해 시인 파블로 네루다의 집을 찾는 우편배달부가 나온다. 그 정도는 아니겠지만 기획자가 되려면 기회가 닿을 때마다 은유를 배우려 노력해야 한다.

풍부한 언어만큼이나 중요한 것이 언어 사이의 거리감이다. 무턱대고 새로운 언어와 은유만 찾아서는 대상과 비유간 거리가 멀어 타깃이 이해하기 어렵다. 그렇다고 거리를 짧게 하면 타깃이 금세 이해하겠지만 상투적이기 쉽다. 가령, '보험은 평생 친구'라고 해보자. 이해는 쉽지만 대부분의 보험광고에서 봐온 메시지다. 이런 비유는 소비자의 기억에 남지 못한다. 이걸 광고커뮤니케이션에서는 '어텐션이 낮다'고 말한다. 비유 자체는 트집 잡을 게 없지만 너무 뻔하다.

이때 가장 필요한 역량은 본질적 속성 찾기다. 우리 뇌는 외부의 정보를 문자열로 이해하지 않는다. 이미지로 변환한다. 그래서 이미지가 선명하게 떠오르면 그만큼 커뮤니케이션도 쉬워진다. 반대로 이미지로 변환할 수 없는 글을 이해하기란 불가능하다. 피카소는 본 것을 그리는 게 아니라 생각한 것을 그린다고 했다. 보이지 않는 존재를 볼 수 있게 형상화한 것이 이미지와 그림이다. 떠올리는 이미지. 우리는 이것을 심상心像이라 부른다. 심상으로 새로움을 이해한다. 난생처음 접하는 문자에서 우리는 어떤 느낌도 받을 수 없는 것은 이미지로 변환할 수 없기 때문이다.

한 공익단체 브랜드 광고를 기획할 때 일이다. 이 단체는 다른 NGO와 달리 직접적으로 사회적 약자를 돕는 게 아니라 기부금을 모아 필요한 곳에 나눠주는 일종의 플랫폼 나눔 단체였다. 단체 관계자들 역시 사람들이 단체의 특성을 알지 못하고 일반적인 NGO와 똑같은 단체로 인식하는 게 고민이라 전했다. 요컨대 다른 사회단체는 우리가 얼마나 선한 일을 하는가가 중요한 홍보 의제였다면 이 단체는 대중에게 플랫폼형 NGO가 대체 어떤 의미인지 쉽게 알리는 게 핵심이었다. 이럴 때 기획자에게 은유가 필요하다.

이 단체가 플랫폼인 이유는 가능성 있는 작은 단체를 지원해준다는 점과 수많은 단체를 소개하면서 개인이 특정 단체를 선택해서 기부도 할 수 있게 해주기 때문이다. 그리고 그 모든 정보와 기능을 모아두는 역할도 수행한다. 사회 공헌이라는 틀에서 조금 더 눈을 돌리면 우리가 평소에 즐기는 OTT 서비스와 매우 닮아 있다는 것을 알게 된다. 넷플릭스는 지원이 필요한 작은 창작자를 지원하며 다양한 타이틀을 모아두기도 하며 고객은 그 속에서 마음에 드는 걸 자유롭게 고르는 플랫폼이다. 당시 우리가 경쟁 프레젠테이션에서 택한 방식은 이 단체는 'NGO계의 넷플릭스'라는 비유였다. 나눔 플랫폼이란 추상적 표현을 넷플릭스에 비유하면 어떤 방식인지 좀 더 쉽게 이해하게 된다. 이해하지 못하는 카피를 읽고 브랜드의 진심을 읽는 고객은 없다. 당연히 성과를 측정할 수 없다.

대중과 기획자 사이에는 글이든 이미지든 영상이든 어떤 형태의 메시지가 들어간다. 그리고 그 이미지는 대부분 활자에 기초한다. 좋은 기획자의 은유에는 풍부한 언어와 적절한 거리감이 잘 느껴진다. 내 안에 풍부한 언어를 바탕으로 한 상상력과 타인에 대한 이해가 동시에 존재하기 때문이다. 왜냐하면 기획은 내 머릿속에 든 것을 상대의 머릿속에 그대로 전이시키는 행위인데, 이 행위의 케이블은 결국 언어이고, 가장 효과적인 케이블은 은유이기 때문이다. 만약 발표가 끝나고 다시 한번 쉽게 설명해달라는 요청을 받은 적이 있다면 '내 케이블이 효과적 은유의 형태를 띠고 있지 못했구나'라고 생각하면 된다.

어느 손해보험회사 종합 홍보를 기획할 때 이야기다. 당시 고객이었던 손해보험회사는 고객 일상을 소중히 여기는 핵심 키프레이즈를 내세우고 있었다. 메시지 자체는 나무랄 데가 없었다. 보험은 다른 금융과 달리 재테크 수단이라기보다 위험에 대비하는 일종의 상호부조이기 때문이다. 즉, 부자가 되는 것이 아니라 갑작스러운 사건 사고로부터 자유로운 일상을 살게 해주는 수단이다. 그래서 고객 일상 보호라는 브랜드 메시지는 충분히 납득할 만한 지향이었다. 문제는 모든 보험사의 지향이기도 했다는 점이다. 결국 핵심은 이 메시지를 어떻게 우리 보험사만의 것으로 쉽고 뾰족하게 만들어 전달할 것인가에 있었다.

숱한 아이디어가 기획회의에서 오갔지만 기존 보험사들이 했던 이야기와 크게 다르지 않았다. 그러던 어느 날 팀원 한 명이 블로그 하나를 제보해왔다. 해당 블로그 주인은 모든 보험사 상품을 엑셀 시트로 꼼꼼하게 비교해가며 신중하게 보험에 가입하려는 사람이었다. 포스팅 내용 대부분이 그랬다. 떡볶이 하나를 주문해도 리뷰를 꼼꼼히 읽어보는 시대에 보험이라고 다를까. 요즘 젊은 고객은 예전처럼 지인 영업을 통해 가입하는 비율이 높지 않다. 모두 이렇게 스스로 비교하고 분석한다.

그런데 한 가지 흥미로운 점은 꼼꼼하게 비교를 하고도 정작 보험사를 고르지 못하고 있다며 한탄하는 모습이었다. 마지막 문장에는 "내가 지금 보험사 선택 말고도 승진 시험과 결혼 준비 같은 중요한 일이 얼마나 많은데 이런 곳에 시간을 쓰고 있다니"라며 초조해하고 있었다. 자신에게 주어진 시간을 정작 자신이 가치 있게 쓰지 못한다는 짜증 섞인 글이었다.

'이거다. 내 일상이 소중해서 보험을 가입하려는 것인데 정작 너무 복잡한 보험 체계 때문에 일상을 가치 있게 쓰지 못하는 소비자의 역설을 은유로 잘 풀어낼 수만 있다면!'

은유는 모두가 알고 있고, 그래서 쉽게 상상할 수 있어야 한다. 순간 떠오른 건 세탁기였다. 빨래는 우리 삶에 꼭 필요한 재생산 과정이다. 우리는 세탁기 덕분에 꼭 필요한 일을 세탁기에게 맡기고 그 시간에 내가 일상에서 필요했던 다른 일을 한다. '꼭 필요한 일이지만 이 일은 우리에게 맡기고 당신은 더 가치 있는 일을 하라'는 세탁기의 은유는 모두 알고 있는 쉬운 비유다.

은유가 정해지면 그다음 아이디어는 기다렸다는 듯 나오는 경우가 많다. 우리 팀은 사람들이 많이 오가는 곳에 세탁소 콘셉트의 팝업스토어를 제안했다. 이 세탁소는 시선을 끌려는 타 브랜드의 화려한 팝업과 달리 아무것도 없고 오히려 일상의 고민을 맡긴 후 번화가에서 데이트를 즐기고 오면 고민이 세탁된 일상을 돌려주겠다는 서사였다. 경쟁 프레젠테이션에서 압도적 점수 차로 프로젝트를 따냈

음은 물론이다. 세탁기에 비유한 홍보는 성공적이었다.

안타깝지만 두 단어 연결고리를 가장 잘 활용하는 것은 온라인에서 가짜 뉴스를 만드는 사람들이다. 공포와 반복을 결합시키면 강력한 힘이 발생한다는 것을 이들은 안다. 가령 '급진 이슬람 테러리스트' 같은 식의 조합만으로 특정 종교와 테러리즘을 자동 연상케 할 수 있다. 편견이라고 증거를 내밀어도 각인된 생각은 잘 바뀌지 않는다. 물론 가짜 뉴스 생산자 외에 선량한 광고기획자들 중에는 두 단어를 연결하는 사람이 많다.

왜 두 단어인가. 인간은 한 번 짝을 이룬 단어의 고리를 잘 끊어내지 못하기 때문이다. 고용보험 캠페인을 기획할 때 일이다. '급여명세서에서 세금처럼 정부가 떼 가는 돈' 정도가 당시 고용보험에 대한 노동자의 일반적 인식이었다. 하지만 고용보험은 말 그대로 보험이다. 갑작스레 잃을 수 있는 일자리에 대비해 노동자, 회사, 정부가 상호부조로 마련한 최소한의 안전장치다. 그런데 노동자는 당장 혜택을 받지 않으므로 쓸데없는 지출이며 심지어 내가 아닌 다른 사람이 혜택을 보는 세금 정도로 인식했다.

이때 내가 선택한 방식은 복지나 보험의 프레임이 아닌 권리로 바꿔 접근하는 것이었다. 복지는 내가 대상자가 아니라고 생각하고 보험은 먼 미래의 일이라 여기지만 권리는 내가 응당 누려야 할 것으로 생각해서 누리지 못하면 손해라는 인식으로 단번에 바뀐다. 인간은 내가 산 주식이 떨어질 때보다 내가 사려고 했는데 사지 않은 주식이 오를 때 더 큰 후회를 하는 존재다. 바로 손실회피 성향이다. 만약 투표권이 권리가 아닌 복지였다면 국민이 그렇게까지 표를 통해 '주권 행사'를 하려 들까.

그래서 당시 만들어낸 카피는 '고용보험, 일하는 모든 이의 권리'였다. 은유의 힘은 그만큼 강한 것이다. 특히 '노동자의 권리' 같은 두 단어의 조합은 매우 힘이 세다. 잊지 말자. 인간과 인간을 연결하는 케이블은 언어다.

은유가 가진 힘에 대해 또 다른 사례를 전하며 이 글을 마치고자 한다. 2011년 3월 11일 오후 2시경 일본 미야기현 앞바다에서 규모 9.0의 강진이 발생했다. 동일본 대지진. 사망 1만 5,899명, 실종 2,529명. 피해 규모보다 더 놀라운 건 지옥도가 펼쳐지던 날에도 104명의 새 생명이 센다이, 미야기, 후쿠시마 등에서 태어났다는 사실이다. 쓰나미가 몰려오던 가운데 불 꺼진 병원 응급실에서 태어난 아기, 여진의 공포 속에 차 안에서 아이를 낳을 수밖에 없었던 엄마, 아기를 살리고 해일에 휩쓸려간 아빠의 이야기가 수기

집《3월 11일에 태어난 너에게3·11に生まれた君へ》에 담겨 있다. 생일은 누구나 축하받는 날이지만 2011년 3월 11일 동일본에서 태어난 아이들 중엔 생일이 전국적 추모의 날임은 물론, 부모의 기일인 경우가 많다. 이 아이들에게 아무렇지 않게 웃으며 생일 축하 인사를 건넬 수 있을까.

'내가 태어나지 않았더라면 엄마 아빠가 살았지 모른다'는 얄궂은 죄책감에 시달리는 아이들. 이 아이들을 위해 일본 홋카이도 대학에서 진행한 예술 프로젝트 소식을 접한 적 있다. 이른바 '너의 의자' 프로젝트다. 홋카이도대 공예학부에서 2011년 3월 11일이 생일인 104명의 해당 지역 아이들을 위해 각기 다른 모양의 의자 104개를 만들고 의자마다 아이의 이름을 새겨 선물했다. '너희들은 결코 누군가의 자리를 빼앗아 태어난 게 아니며 너희들의 자리는 원래 세상에 준비되어 있었다'는 메시지를 주고 싶었다고 한다. 여기서 의자는 단순한 가구가 아니라 너에게 준비된 세상의 자리를 은유한 상징이다.

이 기획을 접하고 끔찍한 비극 앞에 주변이 할 수 있는 최선이란 이런 모습이어야 하지 않을까 생각했다. 세월호에서 살아남은 이들에게, 이태원 트라우마를 겪는 이들에게, 제천 목욕탕에서 겨우 빠져나온 이들에게 우리가 해야 하는 이야기 말이다. 어설픈 위로나 섣부른 충고가 아니라 삶을 잇대려는 몸부림은 그 자체로 귀하며 어떤 고통의 순간에도 너의 삶을 살 수 있도록 함께하겠다는 위로와 지지가 그 의자에 있었다. 잘 모르지만 희망이나 희망 비슷한 것들은 그런 마음들을 바탕 삼아 자라는 게 아닐까 하는 생각이 든다. 은유가 가진 힘은 이렇게 누군가의 마음을 강하고 확실하게 움직이며 삶의 어떤 태도마저 새롭게 한다.

편지

: 진심을 전할 수 있다면

영국 디자이너 폴 스미스 Paul Smith 는 편지 집착이 굉장하다. 정확히 말하자면 '편지에서 얻을 수 있는 영감에 집착한다'는 표현이 옳겠다. 언젠가 그의 컬렉션 중 팬이 보내준 편지의 우표만으로 이루어진 패턴을 본 적이 있는데, 우표만으로도 훌륭한 패턴을 만들어낼 수 있다는 사실에 새삼 놀랐다. 그만큼 그는 손 편지나 엽서로 소통하길 좋아한다. 하지만 세계적 디자이너가 단순히 우표가 예뻐서 손 편지를 쓰는 건 아니다. 폴 스미스의 가장 친한 친구 중 하나가 애플의 수석디자이너 조너선 아이브 Jonathan Ive 라고 하니 그가 아이폰이나 아이패드의 편리함을 모르는 것도 아닐 것이다. 하지만 폴은 아이폰은커녕 이메일도 사용하지 않고 연락할 일이 있으면 여전히 손으로 편지를 쓴다. 편지를 쓰는 순간만큼은 오롯이 편지를 받을 상대와 나의 마음에 집중할 수 있기 때문이라는 게 이유였다.

추문에 휩싸인 연예인이 SNS라는 디지털 공간에 굳이 손 편지를 써서 사과문을 올리는 이유도 디지털 활자보다 손 편지가 진심의 '증거'가 된다고 믿기 때문이다. 물론 그런 진심이라면 가급적 보여줄 일이 없는 편이 서로에게 좋겠지만 말이다. 아날로그 예찬 같은 고리삭은 이야기인가 싶겠지만, 아니다. 편지 쓰기는 기획 역량과 아주 큰 상관이 있다.

기획서를 쓰는 사람이 편지를 많이 쓰면 의외로 이로운 게 많다. 편지는 누군가에게 속마음을 표현하고 누군가로부터 속마음을 전달받는 매개체다. 이 세상 단 한 사람에게 집중하고, 그 집중력이 내밀함과 간절함으로 이뤄지는 편지의 속성은 기획과 무척 닮아 있다. 편지 쓰기로 다져진 내공이 제안서에 발휘될 때 세상은 기획의 밀도와 흡인력에 반응하고 주목할 수밖에 없다. 편지라는 미디어는 그 특성상 받는 이에게 이미 당신은 특별한 사람이란 인식을 주는데 이는 광고나 마케팅기획자가 평소 생각하는 고민과 크게 다르지 않다.

기획서는 특히 연애편지와 닮아 있다. 연애편지는 지극히 사적인 왕래망이라 '누굴 위해 내용을 쓰고 있는가'라는 질문을 잃지 않는 게 중요하다. 더불어 편지를 쓰는 내내 상대를 생각하며 한 줄 한 줄 그를 설득하는 내용이 담긴다는 점에서도 기획과 비슷하다. 그뿐인가. 설득력을 높이기 위해 밤새도록 심혈을 기울이고 참고문헌(시나 영화대사 따위)을 뒤져서 구구절절 글쓰기 실력을 총동원하는 것까지도 연애편지와 기획서는 포개진다. 우리가 편지에 공을 들이는 이유는 기대치 않았던 편지의 감동이 다름 아닌 내게도 있기 때문이다. 상대도 그러길 바라는 마음에서 편지를 쓴다. 그 기쁨은 누구와 나눌 수도 없고 누구에게 보여줄 수도 없는 오롯한 나만의 것이다. 그러니까 아무도 없는 곳에서 비 갠 후의 하늘을 보다가 무지개를 발견한 기분과 비슷하다.

편지는 극적인 전달 방식이란 게 무엇인지 익히는 데에도 도움이 된다. 무조건 창의적이라고 해서 극적으로 전달되지 않는다. 흥미로운 재료만 있으면 얼마든지 흥미롭게 이야기할 수 있다고 믿는 이들이 있다. 물론 재료가 중요한 건 사실이지만 전부는 아니다.

프로야구 투수들은 한 타자를 잡기 위해 시나리오, 소

위 피칭 레퍼토리를 설계한다. 상대 선수가 낮은 공에 약하다고 해서 무작정 낮은 공만 던지지 않는다. 낮은 공이 효과를 발휘할 수 있도록 낮은 공이란 필살기를 쓰기 직전에 높은 공을 보여준다. 일종의 레퍼토리다. 요컨대 훌륭한 변화구가 있는 게 아니라 변화구가 훌륭해 보이게 하는 순서가 있다. 하얀색 의자를 더 하얗게 보이게 하기 위해 순백의 페인트를 덧칠할 수도 있겠지만, 의자는 그대로 두고 주변을 어둡게 만드는 것도 방법인 것처럼 말이다. 이를 피겨아웃figure out전략이라고 한다.

한 호신용품 회사가 고객들에게 이런 문구를 제품과 함께 써서 보냈다.

"우리는 최선을 다해 제품을 만듭니다. 하지만 고객 여러분이 이 제품을 쓸 일이 없기를 간절히 바랍니다."

좋은 브랜드는 편지 쓰듯 자기 제품을 말한다. 멋을 내려는 게 아니다. 정확히는 자신들이 제품을 만드는 '마음'을 전하는 것이다. '진실된 마음.' 사람의 마음을 움직이는 데 이만한 방식이 없다. 편지는 내가 쓰면 곧 휘발되어 기억도 못 할 글을, 상대가 오래 간직해준다는 매력도 있다. 우리를 기억하고 간직해주는 것은 많은 브랜드의 꿈이다. 요컨대 편지가 기획자에게 주는 가르침은 결국 '진심을 전하는 법'이다.

좋은 브랜드는 편지 쓰듯

자기 제품을 말한다.

자신들이 제품을 만드는

'마음'을 전하는 것이다.

'진실된 마음.'

사람을 움직이는 데에 이만한 방식이 없다.

수집

: 모아두어야 쓸 수 있다

정확히 말하면 수집하는 자세다. 좋은 기획자는 늘 자기만의 저수원이 있다. 언젠가 리영희 선생의 글에서 그의 글쓰기 90퍼센트가 자료 수집과 취재란 말을 접했다. 아마 기자라는 그의 출신 성분이 큰 영향을 미친 것일 테지만 그렇다고 단지 양적이고 기계적인 자료 수집의 중요성만을 말하기 위한 것은 아니다. 그는 자료 수집을 하다 보면 아무리 하찮은 것이라도 날카롭게 살필 힌트가 존재함을 깨닫게 되는데 그러기 위해서는 자료를 바라보는 다면적 시각이 필요하다 했다.

리영희 선생이 다면적 시각을 가질 수 있던 비결로 꼽

은 것이 다양한 외국어 자료 수집이다. 외신부 기자 출신인 그는 영어는 물론 일어, 불어, 중국어까지 자유롭게 구사했는데 덕분에 자료와 정보를 바라보는 시각도 다방면일 수 있었다고 한다. 더 큰 세계를 위해 외국어를 배우는 것은 권장할 만한 일이다. 이와 똑같은 이야기를 동시 통역가이자 저술가인 요네하라 마리도 한다. 외국어를 배우면 일본어 상식이 통용되지 않는 순간을 맞닥뜨리게 되고 그때 다른 각도에서 세상을 바라볼 수밖에 없는데, 그것을 복안사고複眼思考라고 했다. 외국어를 배운 사람은 저절로 비판적 사고가 생긴다는 것이다.

수집이라고 해서 세상 누구도 보지 못한 문헌을 모으라는 뜻은 아니다. 안타깝지만 그런 건 없다. 일상에서 마주치는 작은 문장이나 살면서 만나는 다양한 사람들과의 대화를 수집하는 것도 기획자에겐 훌륭한 자세다. 하루를 살다 보면 택시기사, 물리치료사, 어린이집 선생님 등 다양한 사람들에게서 기획의 소재가 될 만한 이야깃거리를 듣는다. 기획자라면 제발 휴대폰을 내려놓고 대화를 나누라는 말은 몇 번을 말해도 부족하지 않다.

잘나가던 어느 복사기 업체의 매출이 급전직하急轉直下하는 사건이 있었는데, 원인이 무엇인지 도무지 파악할 수 없었다. 세계 최고의 컨설팅 업체도 써보고 천문학적 비용의 소비자 조사도 해봤지만 왜 불만족이 느끼는지 알 수가 없었다. 그런 차에 한 직원이 해당 복사기 업체 수리기사들이 점심식사 시간 도중 나눈 대화에서 어느 특정 부위에 작은 먼지가 계속 쌓인다는 이야기를 듣고 문제의 원인을 찾았다는 이야기가 있다. 그럴싸한 마케팅 공식에서 잠시 시선을 거두고 고개를 주변으로 돌리면 의외의 수확을 거둘 수 있다. 이때 필요한 자세가 바로 '적극적으로 수집'하겠다는 자세다. 실제 유명 기획자 중에는 사람들이 입에 올리고 있는 이슈에 휘둘려 기획하고 싶지 않다는 이유로 SNS를 멀리하는 사람이 많다.

'새로'라는 소주 네이밍 프로젝트를 진행할 때도 비슷한 경우가 있었다. 모든 시장이 그렇지만 주류는 특히 새로운 브랜드가 성공하는 것이 극히 어렵다. 지금까지 등장했던 숱한 맥주와 소주 브랜드를 생각해보고 여전히 편의점이나 삼겹살 식당에서 팔리는 소주, 맥주를 생각하면 이 시장에서 신규 브랜드가 얼마나 성공하기 어려운지 짐작이 갈 것이다. '새로'의 소주 라벨에는 알 듯 모를 듯한 257이란 숫자가 씌어져 있다. 이 숫자를 검색해보면 숱한 추측이 난무하고 있음을 알게 된다.

사실 숫자는 큰 의미가 없는 강릉의 한 지번을 따온 것이다(강릉에는 '처음처럼' 소주 공장이 있다). 숫자에 의미는 없지만 그렇다고 재미 삼아 넣은 건 아니다. 사람들은 새로운 제품을 접하면 그에 대해 어떤 이야기든 나누게 되는데, 그때 이야기의 소재가 패키지에 담기면 제품을 이야기하는 시간이 길어진다. 그래서 아리송한 숫자를 담아 검색을 해보든 추정을 해보든 제품이 소재가 되어 대화하는 시간을 늘렸던 것이다. 이처럼 일상의 맥락은 문헌이나 수치화된 소비자 조사로는 한계가 있다.

후배들에게 가끔 지난 한 달간 받은 숱한 광고성 이메일 중 열어본 메일의 제목을 한번 살펴본 적이 있냐고 묻는다. 누군가를 설득하는 데 아름다운 언어와 철학적 통찰이 필요하다고 생각하는 사람이 많지만 그렇지 않다. 쓰레기 더미 같은 메일 목록에서 내 눈을 사로잡은 메일 제목 한 줄을 기억하고 살겠다는 마음 정도만 있어도 기획의 결과물은 달라진다.

여담이지만 내 대화 수집에는 한 가지 팁이 있다. 걸으면서 대화하는 것이다. 의외로 마주 본 상태에서는 상대와 많은 이야길 나누지 않는다. 걸으며 이야기하는 것은 커피숍 등에서 마주 보고 이야기하는 것과 다른 상황을 만들어낸다. 머물며 이야기하면 서로에게 집중할 수 있을 것 같아도 실제로는 부딪치는 경우가 더 많다. 걸으며 대화한다는 건 별도 그럭저럭 괜찮은 날씨란 소린데 햇살이나 풍광 때문인지 자신과 생각이 다르더라도 기분이 나쁘기보다 호기심이 자극된다. 그러다 좀 더 듣고 싶은 이야기는 더 해달라고 말한다. 만일 이야기를 듣고 싶지 않다면 슬쩍 눈앞에 보이는 풍경으로 화제를 돌리면 된다. 산책 나온 개라든지, 비눗방울 놀이를 하는 아이 같은 풍경 말이다. 앉아서 이야기를 나눌 때는 말이 끊어졌다고 생각할 수 있는 것도 걷고 있을 땐 무리 없이 넘어갈 수 있다.

이야기를 들으면서 자신에게 집중할 수도 있다. 상대를 무시하고 자기에게 집중하는 것이 아니다. 길을 걸으며 상대의 이야기를 듣다 보면 '그럼 나는 어떤가'라는 생각을 하면서 자기를 겹쳐 볼 수 있다. 그러다 비슷하게 떠오르는 경험을 생각하고 그걸 다시 상대에게 말한다. 그 순간 이야기는 진정 함께 나누는 것이 된다. 대화를 '한다'고도 하지만 '나눈다'고도 하는 이유는 그래서다.

다국적 기업 버크셔 해서웨이Berkshire Hathaway의 워런 버핏은 불필요한 일에 시간을 뺏기지 않았다. 상공회의소에 연설을 하거나 포럼에 참석하는 일은 최대한 자제했다. 대신 일간지 다섯 종과 수없이 많은 연차보고서를 읽고 생각하는 데 방해받지 않는 시간을 확보했다. 그는 회의 없이 빈칸이 유지되는 달력을 자랑스러워했다. 사무실에는 아직까지도 컴퓨터가 없으며 주식시세표 같은 것도 없다. 여기서 중요한 건 워런 버핏이 '자료를 모으는 시간'을 가장 소중히 했다는 점이다. 수집에선 많이 모으는 게 아니라 많이 발견할 시간을 확보하는 것이 핵심이다.

루틴

: 최적의 상태를 찾아나선다

습작·연습·훈련 같은 단어들을 좋아한다. 자신이 욕망을 갖고 있는 어떤 분야에서라면 끊임없이 연습해야 한다고 믿고 있는 사람이기도 하다. 가끔 기획을 잘하는 비결을 물어오는 사람이 있다. 그런 질문을 받을 때마다 아연해진다. 사실 나도 알지 못하기 때문이다. 물론 알기 위해 노력하는 모습이 있긴 하다.

매일 책을 읽고 영화를 본 후 생각을 하고 남들이 보기에 좀 이상하다 싶을 정도로 과하게 메모를 하는 것. 물론 이것도 쉬운 일은 아니다. 그런데 습관이 되면 하지 않으려 해도 저절로 된다. 이런 현상이 일어나는 것은 뇌의 신경

가소성 때문이라는 이야기를 어디선가 들은 적이 있다. 예를 들어서 뜨개질의 달인은 눈을 감고도 뜨개질을 할 수 있다. 숙달된 피아니스트 또한 눈을 가려도 얼마든지 연주가 가능하다. 일본 칼럼니스트 다치바나 다카시立花隆는 이것을 '오토마톤 Automaton'이라고 부른다.

런던 택시기사들의 해마는 보통 사람보다 크다고 한다. 런던이라는 대도시의 아주 작은 길목 이름까지 외워야 하기 때문에 자신도 모르게 기억력이 보통 사람들보다 훨씬 뛰어나게 된다는 것이다. 어떤 일을 꾸준히 하다 보면 자기도 모르게 축적되는 감각이 있다. 당장 가시적인 결과를 가져오지 않더라도 이 축적을 믿어야 한다.

축적은 루틴을 만드는 것으로 가능하다. 루틴이라고 하면 운동선수처럼 몇 단계에 걸친 정교한 과정을 떠올리는 경우가 많은데 꼭 그렇지 않다. 가령 아침에 일어나서 10분 정도 멍 때리는 시간이 필요한 사람이 있다면 그는 뇌가 로딩되는 데 10분 정도의 루틴을 지키는 사람이다.

나에게도 루틴이 있다. 기획을 할 때 A3 크기의 노트를 펼치고 만년필에 잉크를 채운다. 커피도 한 잔 준비하고 좋아하는 노래를 재생한다. 가사가 없는 곡이 좋다. 그리고 한 시간 정도만 잘 해보자는 심정으로 시작한다. 한 시간은 제법 긴 시간이다. 종종 내 기획이 별로라는 생각이 들기도 하지만 조금이라도 하고 쉬자는 심정으로 써 내려간다.

여기까지 들으면 알 것이다. 우선 시작하고 가능한 조금이라도 해보는 감각을 익히다 보면 루틴은 자연스레 생긴다. 그러다 잘되는 과정이 있으면 그때의 그 감각을 잊지 않으려 노력한다. 이리저리 한 시간 정도 해보고 잘되면 계속하고, 더 해보고, 좀 더 해보고, 계속하다 지친다 싶을 때쯤 눕거나 산책을 한다. 종교 의례처럼 과정을 유지하는 것을 루틴이라 여기지 않는다. 내게 루틴이란 최적의 상태를 찾아나가는 꾸준함에 가깝다.

안개 같은 불안을 걷어내는 데도 루틴은 큰 도움을 준다. 가령 중요한 발표의 순간을 예로 들어보자. 기획자에게 경쟁 프레젠테이션은 그간 준비한 모든 시간을 갈무리해 상대를 설득하는 단 한 번의 기회다. 정해진 시간에 많은 내용을 인상적으로 전달하는 것은 정말 쉽지 않다. 더 큰 난관도 있다. 바로 무대 울렁증이다.

비단 광고마케터에게만 무대 울렁증이 있는 것이 아니다. 세계적 피아니스트들 역시 무대에 오르기 전 떨려하는 건 마찬가지다. 밥만 먹고 피아노만 치는 사람이 어떻게 그럴 수 있을까 생각하겠지만 모르는 소리다. 최고의 피아니스트 중 한 명인 블라디미르 호로비츠Vladimir Horowitz는 무대 공포증 때문에 네 차례나 은퇴를 반복했다. 연주회 전날이면 심한 위경련을 겪었고, 매니저가 등을 떠밀다시피 해서 가까스로 피아노 앞으로 나아갈 수 있었다. 바흐의 골든베르크 변주곡으로 유명한 글렌 굴드Glenn Herbert Gould는 무대 연주가 너무 두려워 스튜디오 녹음을 선호했다. 피아니스트 임동혁은 무대에 한 번 오를 때마다 수명이 50년씩 줄어드는 것 같다고도 했다. 그간 애써 준비한 내용을 선보이고 평가받는 단 한 번의 기회는 프로든 아마추어든 떨리는 일이다. 경연 전에 떨리는 것은 당신이 부족해서거나 잘못해서가 아니라 오히려 당연하단 이야기를 하고 싶다.

이런 음악가들 역시 떨림을 극복하기 위해 루틴을 활용한다. 가령 젊은 피아니스트 김준형은 어느 인터뷰에서 무대 공포증을 극복하기 위해 연주 전 우주와 관련된 유튜브 영상을 실컷 본다고 했다. 광활한 우주에 비해 이 무대는 한없이 작으니 떨 필요가 없다는 자기 암시를 주기 위함이다. 맥주나 와인을 마시는 피아니스트도 적지 않은데 왠지 그 방법부터 추천하면 안 될 것 같다. 프리젠테이션이 떨린다면, 앞선 사례들처럼 나만의 루틴을 만드는 것도 큰 도움이 된다.

그래도 여전히 발표가 떨리는 사람은 아예 시작하기

전에 청중들에게 '지금 너무 떨린다'는 것을 고백하는 것도 좋은 방법이다. 사실 발표의 공포는 거의 모든 사람에게 있기 마련이라 내 공포를 솔직하게 털어놓으면 청중은 그때부터 나를 응원하고 격려한다. 자신에게도 두려운 일을 용기 내어 하고 있는 나를 기꺼이 응원하고 사랑해준다.

취향

: 좋은 취향이라는 내공

"제 취향이 아닙니다."

　식당의 메뉴나 영화관의 상영작을 고를 때 흔히 내뱉는 말이다. 어떤 순간에는 인간관계에 있어서도 취향을 이야기하게 되는 경우가 있다. 기획자라면 다양하게 해석되는 '취향'이라는 표현을 특별히 눈여겨봐야 한다. 그나저나 취향과 기획이 무슨 상관일까. 다양한 경험이란 측면에서도 취향은 기획자에게 매우 중요하다.

　빌리 홀리데이Billie Holiday라는 흑인 재즈 가수가 있다. 흑인으로는 최초로 〈타임〉과 〈라이프〉에 사진이 실린 인물로 특유의 탁한 저음이 매우 아름답다. 한 방송에서 홀리데이는 이런 질문을 받았다.

"많은 재즈 거장들이 요절하는 이유가 뭐라고 생각하십니까?"

홀리데이는 답한다.

"하루를 백일처럼 살면서 많은 사람들을 만족시키려 애쓰기 때문입니다. 모든 감정을 느껴보려 애쓰고 온갖 음식을 먹고 여기저기 안 다니는 데가 없습니다. 그거 아무나 할 수 있는 게 아니에요."

예술가들의 삶이 그럴 수도 있다는 사실을 나는 빌리 홀리데이를 통해 알았다. 비할 바는 전혀 아니지만 광고기획자도 그렇게 살아야 한다. 모든 소비자가 되어볼 필요는 없지만 적어도 소비자의 삶에 어느 정도 감정 이입을 할 수 있어야 한다. 그러기 위해 빌리처럼 수많은 인물을 연기해보면서 모든 감정을 느끼려 애쓰고 여기저기 쏘다녀야 한다. 이 일은 하루를 100일처럼 살면서 자신을 소진하는 일일 수 있다. 하지만 해야 한다.

기획은 결국 '육체의 노동'이라기보다는 '사고의 노동'이기 때문이다. 그러려면 내 안에 내용이 풍부해야 한다. 내 안의 생각들을 퍼올리는 작업이기에, 생각을 길어내려면 또다시 고이게 하는 시간이 필요하다. 하지만 대부분의 기획자들이 다시 고일 시간도 없이 줄곧 퍼내기만 하는 것 같

다. 책상 앞에만 앉아 있는 후배를 보고 가끔 나가서 정수
리에 별이라도 채우고 오라고 하는 것도 그 때문이다.

무엇보다 인간은 자기가 좋아하는 것으로 둘러싸여 있
을 때 창의력이 발휘된다. 그러니 취향을 만들어야 한다. 또
한 내 취향을 찾다 보면 타인에게도 다양한 취향이 존재한
다는 사실을 깨닫게 되면서 그 감각을 존중하게 된다. 이러
한 배려 감각 또한 기획자에게 중요하다.

과학의 세계에서는 '취향'이란 말을 쓰지 않는다. 뉴턴
의 만유인력보다 보일의 법칙이 내 취향이라는 표현은 어
딘지 모르게 어색하다. 진화론보다 창조론이 내 취향이란
표현도 마찬가지다. 이유는 간단하다. 과학은 옳고 그름을
따지는 일이고, 예술과 감각은 옳고 그름의 영역이 아니기
때문이다. 지동설은 천동설을 부정하고 진화론은 창조론을
부정하는 식으로 옳고 그름을 따지는 게 과학의 세계다.

하지만 예술은 그렇지 않다. 인상주의를 좋아하고 바
로크 음악을 좋아할 수 있다. 힙합과 그라피티를 좋아한다
면 자신의 취향과 다르다고 인정하면 그뿐이다. 감각이란
천차만별인 데다 좋고 싫음의 개념이 아니니까. 그런데 여
기서 취향의 우열을 이야기하게 되면 감각은 경쟁적인 게
되고 타인의 생각은 배타적으로 되고 만다. 그 순간 타인의

마음을 움직인다는 기획의 본질은 사라지고 없다.

그렇다면 취향은 언제 만들어질까? 〈그 노래를 기억하세요?〉라는 영화가 있다. 치매 어르신들이 주인공인데, 딸아들 얼굴조차 못 알아보는 노인들이 스무 살 때 들었던 음악만큼은 용케도 기억하는 장면이 나온다. 심지어 음악에 얽힌 추억을 마치 어제 겪은 일처럼 생생하게 떠올리기도 한다.

미국의 한 대학교와 세대연구소가 공동으로 인간의 취향이 대체 언제 형성되는지 알아보는 실험을 했다. 맞다. 세상엔 그런 게 궁금한 사람들이 있고, 덕분에 내가 이렇게 책에 써먹고 있다. 아무튼 연구 결과, 인간의 취향이 결정되는 시기는 22.3세. 인종, 젠더, 국적, 종교는 아무 상관 없었다. 말하자면 인간은 누구나 스무 살 무렵에 즐겨 듣던 음악, 재밌게 본 영화, 흥미롭게 읽은 소설을 잊지 못하며 이변이 없는 한 생의 마지막 순간까지 반복 재생하며 살아간다. 치매 노인이 젊은 시절 듣던 음악으로 선연히 옛 기억을 떠올리는 이유가 그 때문이다.

광고기획에 이 원리를 활용한 것이 잡코리아였다. 잡코리아는 플랫폼의 특성상 특정 세대를 타깃팅하기 어렵다. 청년 취준생은 물론 이미 직장을 다니면서 이직을 생각하는 직장인, 은퇴를 앞두고 인생 이모작을 준비하는 중장년 역시 잡코리아 고객이다.

잡코리아는 1970년대생부터 1990년대생까지 총 세 가지 광고를 기획하며 각 광고마다 배경음악을 달리 가져갔는데 이때 배경음악에 각 세대가 20대일 때 한창 듣던 유행가를 활용했다. 잘 해오고 있다는 메시지를 담은 X세대 광고에 〈나는 문제없어〉를 삽입하고, 청년 시절과 코로나 시기를 함께 겪은 1990년대생에겐 그들이 즐겨보던 만화 〈원피스〉의 주제가 〈우리의 꿈〉을 이용했다. 당시 제작된 영상의 댓글을 살펴보면 'XX년대생을 너무 잘 안다'는 반응 일색이었다.

인간은 누구나 애써 이야기하지 않았던 내 취향을 누군가 자연스레 기억해줄 때 호감을 느낀다. 그건 나이와는 아무 상관 없다. 트렌디한 기획은 젊은 사람만 해낼 수 있다고 생각하는 경우를 많이 봐왔다. 그래서 한때 대기업에서 MZ 위원회 따위를 만드는 게 유행이기도 했지만 지금 그런 위원회는 대부분 사라지거나 유명무실해졌다. 기획에서 중요한 건 몇 살이냐가 아니라 '어떤 생각을 하느냐'다. 기획을 하는 데 나이 제한은 없다. 다만 젊은 시절 형성된 취향은 많은 영역에서 기획자에게 영향을 미친다. 그즈음 만든 어떤 추억이 기획자의 생각 여러 부분에 영향을 끼치고 심지어 생의 마지막에 떠올릴 장면이 되기도 한다.

문제는 타인의 취향을 내 것인 양 착각하거나 그대로 차용하는 사람도 많다는 점이다. 2018년 러시아 월드컵에서 한국 국가대표가 독일 국가대표를 이긴 적이 있다. 당시 실시간 검색 상위권에 독일 반응과 멕시코 반응이 올랐다. 희한하다. 한국은 독일을 탈락시키거나 멕시코를 16강에 진출시키려고 경기장에서 땀을 흘린 게 아니다. 그럼에도 많은 사람들이 승부 자체의 즐거움보다 상대가 얼마나 분해하는지, 우리를 얼마나 고마워하는지부터 살폈다. 이건 이상하다. 더 괴이쩍은 것은 축구뿐 아니라 일상 많은 부분에서 타인을 신경 쓴다는 거다.

백번 양보해 축구는 상대가 있으니 그렇다 치더라도 여행이나 일상은 딱히 이겨야 할 상대가 있는 것도 아닌데, 여행을 준비하며 SNS에서 '도쿄에서 꼭 맛봐야 할 베스트 10 레스토랑'을 스크랩하고 여행을 가서는 해당 식당 방문을 학교 과제라도 되는 양 성실히 포스팅을 올리며 남들에게 내 여행이 얼마나 성공적이었는지 널리 알린다. 타인이 원했던 것이 내가 원했던 것이라 착각하며 아무런 편견 없이 받아들인다. 기획자로서 매우 나쁜 자세다.

어느 대기업 마케팅부서에서 잔뼈가 굵은 원로가 내게

그런 이야기를 한 적이 있다. 예전엔 광고대행사 사람을 만나면 흥미로운 이야기를 듣는다는 설렘이 있었는데 요즘은 전혀 그렇지가 않다고. 무슨 뜻인지 짐작이 갔다. 악한 사람은 조심해야 하는 대상인 반면 '지루한 사람'은 견디기 힘든 법이다. 어느 순간 만나서 주식, 부동산, 자동차, 골프 이야기밖에 안 하는 사람들을 멀리하게 됐다. 그게 중요하지 않다는 게 아니라 도무지 흥미가 일지 않기 때문이다. 그런 이야기를 하는 이들과 시간을 같이 보내고픈 생각이 좀처럼 들지 않는다. 생각의 연원이 흥미롭다는 생각이 들지 않으니 알고 싶은 게 없고, 같은 장소와 시간을 공유하는 의미가 느껴지지 않는다.

알아갈 것이 전혀 없는 사람이 어디 있겠는가. 호기심이 이는 분야가 인간마다 다르겠지. 미스터리한 예술이 더 재미있는 것처럼 어떤 사람은 집 안 서재나 가구 배치, 쌓아둔 음반만 봐도 그 사람의 삶과 취향이 짐작되고 나아가 대화가 궁금해지기도 한다. 그런데 분명 유행하는 깔끔한 인테리어임에도 '오늘의 집'에서 늘 보아오던 익숙한 스타일이라 하나도 흥미가 일지 않고, 그와 어떤 대화를 나눌 수 있을지 짐작조차 되지 않는 사람이 있다. 안타깝지만 후자는 기획 업무에 어울리지 않는다. 조금 성글더라도 '나만의 이야기'가 타인을 흥미롭게 한다는 사실을 모르고 있기 때문이다.

　무엇보다 좋아하는 것을 많이 만들어두는 일은 지치기 십상인 매일의 업무에 든든한 방공호가 되어준다. 번아웃 여부를 체크하는 첫 번째 항목은 '기뻐했던 일이 더 이상 기쁘지 않은가'다. 좋은 취향을 만들어두자. 그게 상대를 흥미롭게 하기도 하지만 당신 역시 구할지 모른다.

기획은 '육체의 노동'이라기보다는
'사고의 노동'이다. 그러려면 내 안에 내용이
풍부해야 한다. 내 안의 생각들을
퍼올리는 작업이기에 생각을 길어내려면
다시 고이게 하는 시간이 필요하다.
대부분의 기획자들이 다시 고일 시간도 없이
줄곧 퍼내기만 하는 것 같다.
책상 앞에만 앉아 있는 후배를 보고
가끔 나가서 정수리에 볕이라도
채우고 오라는 것도 그 때문이다.

여행

: 바깥에서 안을 들여다보기

철학가이자 작가 한나 아렌트 Hannah Arendt 는 읽는 능력이 없으면 공동체에서 떨어져 나간다고 했다. 이는 고독해지는 게 아니라 외로워지는 것이다. 외로움은 추방되는 것에 가까운 두려움이기도 하다. 《침묵의 나선》이란 책에 나오듯 고립만큼 인간에게 두려운 것은 없다. 그런 인간에게 읽기와 쓰기는 외로움과 고독함을 구분할 줄 알게 한다. 개인이 된다는 점에서 고독은 매우 중요한 문제다. 그래서 읽기와 쓰기는 개인화되는 행위다. 공동체에서 떨어져 나갔을 때 읽기와 쓰기에 능숙한 사람은 '나는 누구인가'라는 질문을 던진다. 자기를 내면해야만 내면이 탄생된다. 내면이 형성되는 계기는 아주 예외적인 경우를 제외하고는 대부분 읽는 행위에서 비롯된다.

많은 사람이 독서를 여행에 비유하는데 이건 실제에 가깝다. 여행은 내가 속한 공동체를 떠나 혈혈단신 가는 것이다. 한 번쯤 내가 속한 공동체에서 벗어나 고독해지는 것은 중요하다. 그때 '그렇다면 나는 누구인가'라는 자아정체성에 대한 질문을 던지게 된다. 그 질문을 던지다 보면 나를 대면하게 되는데 나는 그것을 내면이 단단해지는 과정이라고 생각한다. 여행지에서 만나는 다양한 타자들 역시 고독하게 떠나온 나의 내면을 단단하게 만들어준다.

세상 누구도 제 나라를 골라 태어난 사람이 없기에 대부분 내가 해보지 못한 경험과 낯선 땅을 동경한다(선진국에서 태어난 이도 마찬가지다). 대부분 어떤 여행지가 눈에 밟히면 우리는 마음을 먼저 보내고 뒤미처 몸을 보내곤 한다. 여행 준비를 하며 설레거나, 그 도시와 관련된 영화를 보며 버킷리스트를 만들어보는 식이다. 그래서 처음 며칠은 원하는 여행지에서 사진도 찍고 맛있다는 음식도 먹을 것이다. 하지만 여행이 좀 오래되다 보면 가이드북이나 영화로만 보던 납작한 환상만이 낯선 도시의 전부가 아니라는 사실을 깨닫게 된다. 나는 이곳에 여행으로 왔지만 그들 역시 나처럼 꾸역꾸역 여기의 삶을 이어가며 여기 아닌 낯선 나라를 꿈꾸는 사람이란 걸 알게 될지도 모르고 시차적응이란 걸 하다 보면 내가 자는 동안 이들은 깨어 있었다는 생각에 서로가 서로를 불침번처럼 지켜준다는 묘한 동료의식이 생길지도 모른다. 어디에선 비슷하지만 어떤 점에선 다른 것이 차고 넘칠 것이다. 공통점의 발견이어도 좋고 차이점의 각성이어도 좋다. 어떤 형태로든 여행은 나와 타인을 이해하는 계기가 된다. 타자의 세계에 대한 감각을 계속 계발하고 조금 불편하더라도 끈질기게 다름의 세계로 여행할 수 있는 습속을 만들어준다. 타인의 마음을 움직여야 하는 기획자에게 이 감각은 매우 중요하다.

이탈리아 북동부에 트리에스테Triestea라는 도시를 여행한 적이 있다. 슬로베니아와 국경을 맞대고 있는 접경 도시다. 로마, 피렌체, 밀라노에 비해 한국인들에겐 생소한 도시지만 도시의 풍광은 이탈리아 대도시 못지않게 근사하다. 하지만 트리에스테가 가진 매력은 풍광보다 도시의 역사에서 온다. 국경 지대에 걸쳐 있어 '지도의 접힌 부분에 있는 도시'라고 불리는 트리에스테는 불과 100년 정도 되는 기간 동안 오스트리아-헝가리, 이탈리아, 독일, 유고슬라비아의 지배를 거쳤고 세계대전 이후에는 미국, 영국의 감시 아래 자유무역항이 되었다가 지금은 다시 이탈리아의 영토가 되었다. 그러니까 이곳 주민들은 100여 년 사이에 여권 색상이 몇 번이나 바뀐 셈이다. 실제로 1999년 이탈리아 대도시 시민을 대상으로 한 설문조사에서 이탈리아 사람들 70퍼센트가 트리에스테를 이탈리아 영토라고 생각하지 않았다고 대답했다. 그래서 작가 쟌 모리스 ^{Jan Morris}는 트리에스테를 '어디에도 없는 나라의 수도'라고 불렀다.

이런 다양한 역사 덕분에 어느 이탈리아 도시보다 다양한 풍경과 콘텐츠를 보유한다. 우선 커피가 맛있다. 오스트리아-헝가리 제국 시절 세계로 통하는 국제무역항 역할을 했기 때문에 온갖 상인과 선원이 모여 좋은 커피를 나눴다. 도시의 모호한 정체성은 자유로운 예술가들에게도 좋은 영감을 주어 많은 소설가와 시인이 이곳에서 글을 썼다. 제임스 조이스 ^{James Joyce}의 《더블린 사람들》이 트리에스테에서 탄생한 대표적 고전이다. 다양한 종교 건물을 만날 수 있는 것도 큰 재미다. 우리 땅을 다른 나라에 빼앗기기도 했던 역사는 한국도 있지만 불과 100년을 두고 몇 차례에 걸쳐 다채롭게 주인이 바뀐 도시는 없다. 눈썰미가 있는 사람은 그제야 이탈리아 지도를 조금 멀리서 보게 될 것이다. 트리에스테는 이탈리아 북동부 끄트머리에 있는 도시지만 유럽을 놓고 보면 정중앙에 있다는 걸.

여행이란 이처럼 머릿속에 금 그어진 경계를 허물어뜨리기도 한다. 낯선 삶의 양식과 역사를 통해 안에서 바깥을 볼 줄 알고 외부인이 되어 제 부족함과 편견을 깨달을 줄도 알아야 한다. 집과 회사가 아닌 넓은 세상 속에 나를 놓아두고 '내가 누구인가'를 실감하는 일을 게을리하지 않는다면 다양한 경험들이 머릿속에서 익반죽되어 내게 없던 기획과 이야기가 비집고 나올지 모른다.

내 안의 감각을 깨우기에 여행만 한 것이 없다. 낯선 언어와 문화에 있다면 내가 쓰던 언어와 문화가 억압당한다는 느낌을 준다. 이런 억압이 역설적으로 내 안의 감각을 일깨운다. 여행지에서 이런 이야기들을 실컷 메모하라. 여행이 일깨운 감각, 새로운 아이디어, 여행 중 낯선 이와 나눈 대화를 쓰자. 온몸이 깨어나는 느낌일 것이다.

일기

: 자신에 대해 쓸 수 있는 사람

적당한 크기의 표지에 올해가 몇 년도인지 적혀 있는 노트. 우리가 흔히 상상하는 일기장의 모습이다. 얼마 전 홍대 편집 숍에서 흥미로운 일기장을 발견했다. 그 일기장은 2025 같은 연도 대신 '26', '27'처럼 지금 내 나이가 몇 살인지 표지에 크게 씌어 있었다. 일기란 것이 기본적으로 내가 주인공인 이야기니까 이게 더 일기답다는 생각을 하면서 좋은 아이디어다 싶어 나도 몇 권 구매하려는 찰나 서른 살 이상은 나오지 않는다는 점원의 설명에 절망했던 기억이 난다.

웬 일기냐 싶겠지만, 일과가 끝나고 일기를 쓰며 하루를 정리하는 것도 기획자에겐 필요한 일이란 이야기를 하고 싶어서다. 맞다. 감상이 아닌 일과만 써두는 것인데도 기획자에게 중요하다. 우선 이런 고요한 시간이 기획자에게 필요하다. 기획자로 산다는 건 사는 동안 피곤함을 감수하겠다는 뜻이기도 한데, 정기적으로 이 피곤함을 조금 떨어져 바라볼 필요가 있다. 다행히 일기가 그 역할을 해준다. 그렇게 적요하게 고립된 상태에서만 쌓이는 힘이 있다.

기획자가 일기를 써야 하는 이유는 초등학교 시절 작문 능력이나 성실함을 배양하는 목적과는 사뭇 다르다. 기획은 끝없이 타인의 마음을 움직이고 헤아리는 일이다. 그래서 나는 하루를 정리할 때도 그게 어떤 형식이든 간에 타인이 볼 수 있도록 글을 쓰고 기록으로 남긴다. 당장 지금 여기가 아니더라도 존재를 알 수 없는 미래의 누군가에게 말을 거는 행위로 일기를 쓰는 것이다. 지금 나와 같은 장소와 시간을 살고 있지 않다 하더라도 언젠가 내 이야기를 필요로 할지 모르는 누군가에게 존재를 알리는 일이기도 하다.

보잘것없는 이야기여서 결국 아무에게도 가닿을 수 없을지 모르지만 그래도 혹시라도 어디선가 존재할지도 모를 나와 같은 고민을 품은 이에게 나도 이때 당신과 같은 고민을 했었고, 그 고민을 이런 식으로 풀어나갔다고 이야기해주고 싶어서, 혹은 지금과는 다를 미래의 나에게 과거의 나라는 친구를 만들어주기 위해서 글을 쓴다.

아주 나중에 누군가가 내가 먼저 품었던 질문들을 풀기 위해 외롭게 고군분투하고 있을 때 내 조악하고 어설픈 기록을 보고 반가워할 수도 있지 않을까? '아, 이런 생각을 하는 사람이 나 혼자는 아니었네' 하면서. 기획의 외로움을 적어도 조금쯤 덜 수 있지도 않을까? 내가 남긴 작은 기록을 통해서 말이다. 얼굴도 모르고 존재도 알 수 없다 하더라도 누군가에게 말을 걸 수 있다는 가능성을 남겨둔다면 글을 쓰는 부끄러움이 조금쯤 사라질지 모른다.

꼭 노트에 만년필로 쓰지 않아도 괜찮다. 나는 하루에 있었던 일을 스마트폰에 기록한 뒤 그 내용을 일기장에 옮길 때 온전한 문장으로 고쳐 쓴다. 오래 하다 보면 자신감까지는 아니지만 적어도 낯설게 느껴지지는 않는 수준에 이른다. 하지만 하루에 일어난 일들을 사건 제목만 기록하는 일과 문장으로 만드는 일은 많이 다르다. 문장은 가급적 인과관계가 있어야 한다. 그게 어렵다. 필자이자 독자인 내가 이해해야 하는 하나의 논픽션 작품이기 때문이다. 일기는 그러니까 이름 없는 날들에 이름을 붙여주는 일이다.

뭔가 본 것을 즉시 적어야 하는 이유에 대해 프랑스 작가 프랑수아-르네 드 샤토브리앙François-René de Chateaubriand은 이렇게 설명한다.

"우리 존재는 너무도 무상하기 때문에 아침에 일어난 사건을 저녁에 기록하지 않으면 나중에는 그 일이 너무 버겁고 그걸 다시 찾아 적을 시간이 없게 된다. 그렇다고 세월을 허송하지 않거나 영원의 씨앗인 그 시간들을 바람에 날려 보내지 않는 것도 아니다."

작가들이 일기 쓰기를 즐겨하긴 하지만 샤토브리앙은 작가 중에서도 정도가 매우 심한 편이었다. 자신이 태어난 1768년부터 죽기 직전까지 한 세기에 가까운 세월을 썼다. 그의 이력에 비춰볼 때 실로 방대한 프로젝트였다. 일기를 꼭 이런 식으로 쓸 필요는 없다. 오히려 이런 식의 접근은 일기 쓰기를 방해한다.

일기를 쓰라고 하면 무엇을 써야 하냐고 묻는 사람들이 있다. 우선, 무엇을 써야 하나 고민하기 전에 하루의 모든 것을 쓰겠다는 마음부터 버려야 한다. 대신 하루 중 잠깐 30분간 있었던 일을 쓰기로 마음먹는다. 30분 동안 누군가와 나눈 대화도 좋고 들여다본 풍경 묘사도 좋다. 단 한 줄이어도 괜찮다. 물론 그 한 줄조차 쓰기 힘들 만큼 피곤한 날도 있을 것이다. 그땐 그냥 피곤해서 일기를 쓸 수 없다고 쓰면 된다. 그게 무슨 일기냐고 하겠지만 먼 훗날 그 문장을 보면 남들은 몰라도 나는 알아볼 수 있다. 그 짧은 한마디에 고단한 하루를 살아내기 위한 나의 안간힘이 맺혀 있단 걸.

무엇보다 자신에 대해 쓸 수 있는 사람의 삶은 그렇지 않은 삶과 다르다고 믿는다. 불안하다고 느끼기만 하는 삶과 불안하다고 쓰고 스스로 그 문장을 들여다볼 줄 아는 삶은 분명히 다르다. 이를테면 일기 쓰기는 접촉 사고를 내고 망연자실 운전석에 앉아 있는 나를, 사고 현장을 객관적으로 바라보고 수습해야 하는 보험회사 직원의 위치로 옮겨준달까. 물론 일기 쓰기로 모든 문제가 해결되지 않지만 대부분의 감정은 추스를 수 있다.

일기가 기획자에게 중요한 이유는 또 있다. 기획자는 늘 결과물을 평가받는 일을 한다. 과정에서 받는 상처가 말로 다할 수 없는 수준이다. 일기가 기획자에게 중요한 이유는 자존감을 수호해주는 훌륭한 도구가 되어주기 때문이기도 하다. 역사적 인물 중에는 일기를 열심히 쓴 사람이 많다. 백범이나 정조대왕처럼 이미 역사적으로 중요한 인물이었기에 그들의 일기도 덩달아 가치가 높아진 경우도 있고, 일기를 남김으로써 역사에 기록된 안네 프랑크 같은 인물도 있다. 에곤 실레의《옥중 일기》처럼 짧은 기간 자신의 사건과 관련해 심경을 기록한 경우도 있다.

일기 쓰기의 중요함을 이야기할 때 이런 유명인을 끌어다 쓰는 모습은 흔하다. 하지만 유명해지고 싶은 마음도 없고, 유명해질 리도 만무한 필부필부匹夫匹婦 입장에서는 일기라기보다 사료史料에 가까운 기록물을 놓고 동기를 부여받기란 어렵다. 일기를 통해 내게 유일하게 깨침을 준 유명인은 혁명으로 목이 잘린 프랑스의 왕 루이 16세다. 그는 일기를 꾸준히 쓰는 것으로 유명했는데 특이하게도(?) 그의 일기에는 프랑스 인민에 대한 걱정은 하나도 없고 순전히 개인적인 이야기만 쓰여 있었다고 한다. 심지어 혁명 전날까지도 시민의 삶에 대한 고민이나 치세는 없고 그저 사냥을 나갔는데 멧새 한 마리 잡지 못해 속상하다는 내용만 기록되어 있었단다.

처음 그 이야길 접하고 그렇게 백성의 삶에 무관심했으니 혁명이 안 일어나고 배겨, 하며 혀를 끌끌 찼는데 지금은 생각이 좀 달라졌다. 일기란 게 원래 그런 거 아닌가 하고 말이다. 혁명이나 프랑스 역사는 루이 16세가 아니어도 기록하고 기억할 사람이 차고 넘치겠지만 내 삶과 내면은 내가 아니면 아무도 기록할 사람이 없다. 왕이라고 예외가 아니다.

예전에 여행기라면 근사한 곳을 둘러보며 산해진미를

먹는 등 잊지 못할 이벤트가 있을 때라야 쓰는 글이라 생각했다. 이젠 그리 생각하지 않는다. 그런 생각은 오래전에 지웠다. 특별하다 여겨지는 것들 대신 출근길에 들었던 음악, 모처럼 저녁 약속에 처가 차려입은 옷, 올여름 들어 처음 복숭아를 먹은 날과 그 맛에 대해 쓴다. 누구도 이야기해주지 않을 게 분명한 것들을 나라도 이야기하고 살아야지 하는 마음으로 쓴다.

자존감이란 거 듣기엔 거창해 보여도 결국 그런 거다. 일상을 벗어나야 할 비루함으로 여길수록 우리는 영원히 비루한 일상의 노예로 살아갈 수밖에 없다. 내 일상을 적어도 내가 비하하지 않는 게 자존감이다. 아무도 기록하지 않는 평범한 내 일상을 적어도 나는 비하하지 않고 살겠다는 마음, 그러니까 일기는 자존감을 위한 최소한의 장치다. 읽기와 쓰기는 고독해질 수 있는 자신감과 고독을 견딜 수 있는 인내를 키워준다. 일기를 써서 남기자. 그걸 게을리하지 않는다면 세상은 결코 나를 지우지 못할 것이다.

태도 사전

갈고닦기 위하여

등속

: 그럼에도, 라는 귀한 마음

기획 일이 재미없는 것은 아니지만, 이것도 일인 이상 힘들
지 않을 수 없다. 사는 건 디즈니 애니메이션과 달라서 노
래 몇 번 부른다고 갑자기 성장하지 않는다. 몇 차례의 수
련 후 키 큰 대나무 위를 획획 넘나들고, 축지법을 쓰게 된
다는 이야기는 영화에서나 가능하다. 현실 세계에서 인간
이 가진 높이뛰기 최고 기록은 불과 2.45미터. 그나마도 순
간순간 토할 것 같은 훈련을 견뎌낸 자에게만 주어지는 숫
자다.

　무엇이 좋은 제안을 쓰게 만드는지 나는 여전히 콕 집
어 이야기하지 못하지만 지루함을 견딜 줄 알아야 한다고

말할 수는 있다. 등속 즉, 같은 속도를 유지한다는 것은 바꿔 말하면 매우 지루한 시간을 견디는 것이기도 하다. 단군 신화의 쑥 마늘 같은 이야기처럼 들리겠지만 지루함을 견디는 것만으로도 이미 대단한 목표를 조금씩 이뤄나가고 있다고 확신한다.

목표를 정해놓고 그것에 도달하는 성장이 아니어도 괜찮다. 다만 꾸준한가가 중요하다. 조정래는 한국에서 가장 많은 대하 소설을 쓴 작가다. 그를 동국대 강연에서 우연히 만난 적이 있다. 새로운 소설을 끝내고 오랜만에 세상에 모습을 드러낸 작가의 강연이어서 청중이 구름같이 모였고 나도 그중 한 사람이었다. 모두 작가의 입이 떨어지길 기다리는 순간 작가는 엉뚱한 이야기로 말꼭지를 땠다.

"마이크를 세울 수 있는 스탠드를 가져다줄 수 있을까요? 제가 글을 하도 써서 지금 팔이 올라가지 않습니다."

조정래 작가는 '최선을 다했다는 말을 함부로 쓰지 마라. 최선이란 자기의 노력에 스스로가 감동할 수 있을 때 비로소 쓸 수 있는 말'이란 표현을 해왔다. 아무렴. 최선을 다했는지 아닌지는 다름 아닌 내가 안다. 이만하면 후회가 없는지, 더 애쓰지 않아도 되는지는 내가 안다. 베스트셀러가 못 되어도, 노벨문학상을 못 받아도, 팔이 올라가지 않을 정도로 쓰고 또 썼다면, 작가는 스스로에게 이 정도면 충분하다고 최선을 다했다고 말하지 않았을까. 그러니까 최선은 내가 나를 용서하는 말이다.

전 축구국가대표 이영표 선수에게 기자가 물었다. 축구를 하면서 가장 기억에 남는 순간이 있냐고. 이영표 선수는 기라성 같은 스포츠 스타와 맞붙었을 때나 월드컵 4강 신화를 썼을 때를 말하지 않았다. 대신 어떤 경기에서 내가 몇만 번 연습한 크로스가 너무 완벽한 모양으로 날아가서, 그 순간이 멈췄으면 좋겠다고 생각한 적 있노라 답했다. 최선은 내가 나를 감동시키거나 내가 나를 용서해줄 수 있을 때 쓸 수 있다는 걸 누가 가르쳐주지 않아도 자기 분야에 일가를 이룬 사람 대부분은 알게 되는 모양이다.

기획서는 늘 고단한 가운데 쓴다. 아이디어가 팍팍 나오고 건강한 상태에서 쓰지 않는다. 늘 협업이 안 되고 아이디어가 안 나오고 컨디션이 좋지 않은 상태에서 써야 하는데, 중요한 건 그 상태가 보통이란 거다. 그런 가운데 기획하는 마음이 인다면 그건 재능이라고 믿어도 좋다. 이 마음의 등속을 유지하는 힘이 재능이다.

지루함에 굴하지 않고 지속할 동기를 스스로 찾는 행위는 매우 중요하다. 조금씩 목표를 올리는 것도 좋지만 아니어도 괜찮다. 지루함을 견디는 것만으로도 이미 대단한 목표를 조금씩 이뤄나가고 있는 것이다. 그래서 누군가 내게 기획자에게 가장 필요한 에너지가 뭐냐고 물을 때마다 습관처럼 '만족스럽지 않은 결과를 견디며 계속하는 힘'이라고 답한다. 언제나 마음에 쏙 드는 것만을 내놓는 기획자도 어딘가에 있겠지만 나는 아니다. 그래서 스스로를 다그치지 않고 나가떨어지지 않도록 주의해야 한다. 마음의 등속이란 그런 것이다.

어느 프로야구 선수가 2천 안타라는 기록을 세운 후 인터뷰한 기사를 본 적이 있다. 한국 프로야구에서 2천 안타는 위대한 기록이다. 통상 한 시즌에 150 안타 이상을 쳐내야 탑클래스 반열에 올라가는 점을 감안하면 10년 이상 기량을 유지해도 이룰까 말까 한 기록이다. 육체를 쓰는 운동인 이상 요행을 바랄 수도 없고 10년 전이면 지금보다 팀수도 적었으니 게임 수도 적었을 것 아닌가. 그만큼 대기록이다. 그런데 나는 그의 인터뷰를 보고 조금 놀랐다. 그는 자신의 업적을 그다지 자랑스러워하지 않았다. 그렇다고 일부러 겸손해하거나 쿨해 보이려 애쓰는 기색도 없었다. 그저 '야구, 이렇게 오래 한 줄 몰랐다'며 놀라워했다.

그 인터뷰를 보자마자 문학평론가 고 황현산 씨의 '재능론'이 떠올랐다. 그는 '농사짓듯 할 수 있는 일' 속에 재능이 나타난다고 했다. 농사는 비가 오든 눈이 오든, 기분이 좋든 우울하든 때가 되면 모를 심고 수확해야 한다. 핑계나 변명은 통하지 않는다. 핑계나 변명이 나쁘다는 뜻이 아니다. 어떤 일이든 피치 못할 사정이나 변수가 있으니 핑계와 변명도 필요하다. 다만 그런 말들 앞에선 재능을 쉬이 발견할 수 없단 소리다. 그 프로야구 선수는 내가 알기론 야구에 큰 욕심이 있는 선수가 아니었다. 인터뷰만 봐도 틈만 나면 야구를 그만두고 싶었단 소리밖에 없다. 그럼에도 경기에 나설 수밖에 없는 상황을 맞았을 테고 피하지 않았을 것이다. 야구를 농사짓듯 한 셈인데 황현산이 말한 재능이 바로 이런 걸 테다.

자주 다니는 분식집이 있다. 광명 새마을 시장에 자리한 분식집인데 분식집답게 시그니처 메뉴는 떡볶이. 이 식당을 처음 소개해준 이는 처다. 놀랍게도 처가 고교 시절부터 다닌 분식집이다. 집 근처에 널린 게 분식집이건만 처는 잊을 만하면 이곳을 찾는다. 형편없는 맛도 아니지만 그렇다고 화들짝 놀랄 맛도 아니다. 다만 지금도 천 원짜리 한 장으로 푸지게 먹을 수 있는 곳이니 당시 또래 학생들에게 인기가 대단했을 것이다. 광명에서 유년기를 보낸 처는 이곳에 올 때마다 구석 자리에 앉아 있는 학창 시절 자기 모습이 홀로그램으로 보이기라도 하는 것처럼 물끄러미 지켜

보곤 한다. 이를테면 추억이다.

사장님에게 떡볶이 장사를 시작한 이유를 물으니 딸이 태어난 후 뭐라도 해서 굶어 죽지 않겠단 마음으로 시작한 장사가 어느덧 30년이 넘었다고 했다. 딸의 나이로 식당의 세월을 헤아리던 사장님은 대뜸 장사가 지겹다고 했다. 30년의 역사나 전통의 레시피를 자랑스러워할 법도 하건만 자랑은 언감생심 전통시장 개선 공사로 시장 전체가 한 달가량 휴무에 들어갔을 땐 세상을 다 가진 듯 편하고 좋았다며 웃으셨다. 그러고선 입버릇마냥 이놈의 장사 정말 지겹다는 말을 다시 주워섬겼다.

사장님은 요즘 세상에 어디 가서 천 원에 떡볶이를 먹겠냐며 가격 경쟁력이 유일한 매력인 듯 설명했지만 지천에 널린 분식집을 두고 기어이 교통비를 들여가며 이곳까지 오는 마음자리에 단지 저렴한 가격만 있는 건 아닐 것 같았다. 이젠 30대가 된 고교생이 여전히 이곳을 찾을 수 있는 이유는 (너무 뻔하게 들리겠지만) 맛이나 가격 이전에 아직도 장사를 하고 있기 때문이다. 그러니까 이 분식집의 결정적 매력이자 사장님의 가장 큰 재능은 지겨운 마음을 물리치고 매일 아침 가게 문을 여는 데 있다.

장사가 지겹다는 사장님은 내일도 어김없이 문을 열 것이다. 지긋지긋하다고, 이렇게 오래 한 줄 몰랐다고, 그런 소리 그만하고 이제 그만 쉬라는 딸의 핀잔에도 정해진 시간에 문을 열고 닫을 것이다. 스스로를 몰아붙이는 학대에 가까운 성실이 삶을 대하는 올바른 방식이라 여겨본 적은 없다. 근면이 삶의 최고 가치라거나 전부라는 소리를 하려는 것도 아니다. 다만 내가 말하고 싶은 건 2천 안타든 분식점이든 꾸준함이 거의 모든 재능의 밑절미란 사실이다.

'고난을 극복하고 이렇게 성공했다' 따위의 '노오력'론을 혐오한다. 그렇다고 힘든 회사 생활 당장 그만둬도 별일 아니라는 듯 사표를 풀무질하는 '쿨내진동' 퇴사팔이를 옹호하는 것도 아니다. 자기 경험을 남의 인생에 지혜인 양 들이댄다는 점에서 무책임하긴 둘 다 마찬가지다. 도전의 가장 큰 적은 경험하지 않은 자의 조언이라는 말도 일정 부분 사실이니까. 술추렴하며 후배들에게나 지껄이면 딱 맞을 법한 수준의 잡담을 신문이나 책을 통해 쏟아내는 만용은 나무의 헛된 희생에 기댄다는 점에서 자연에도 못 할 짓이다.

그런 내게 넌 어느 쪽이냐고 굳이 물어 온다면 내 대답은 인간은 저마다 우주를 각자 최선의 방식으로 살아가면 그뿐이란 쪽이다. 인생은 누구에게나 전인미답, 같은 가지에서 뻗은 다른 줄기다. 서로를 '고나리질' 할 어떤 자격이나 이유도 우리에겐 없다. 천부적 재능? 그런 게 있을 리가. 지겹지만 오늘도 가게 문을 여는 모든 소상공인, 매일 아침 내가 조금씩 사라지는 기분에도 욕실로 들어가 출근 준비를 하는 바로 당신이 바로 재능이다. 그 사실을 안다면 그것만으로 이미 기획의 능력자다. 이건 정말 믿어도 좋다.

우리는 흔히 좋아하면 그것이 '열정'으로 발현될 것이 라 속단하지만 좋아하는 것은 대부분 '취향'과 '기호'로 그 치는 경우가 많다. 술, 담배나 게임을 아무리 좋아해도 그것 에 관해 하루에 한 가지씩 글을 써보라고 한다면 다들 손사 래를 칠 것이다. 정말 내가 좋아하는 분야에 열정이 있노라 이야기하고 싶다면 그 열정을 습관화시키고 성실화시킬 수 있어야 한다. '삘' 받을 때만 쏟아부을 수 있는 열정은 '취 향'에 불과하다. 기획도 마찬가지다. 그럼에도 하고 싶은 마 음이 들지 않는다면 결코 열정이라 불러선 안 된다.

애니메이션 〈공각기동대〉 감독으로 유명한 오시이 마 모루는 황금종려상이나 오스카상을 받는 것보다 중요한 건 수상 이후에도 자기 영화를 만드는 힘이라고 했다. 그에 따 르면 수상 이후 영화판에서 사라지는 이가 70퍼센트란다. 기획자는 선택의 순간에 최선의 것들 중에 더 나은 것을 선 택하기보다 최악의 것들 중에 내가 견딜 수 있는 걸 선택할 줄 알아야 한다. 대단한 걸 만들어내는 사람이 아니라, '그럼에도' 꾸준히 하는 능력이 기획자의 큰 재능이다. 뭐라도 덕지덕지 엉망진창 마구잡이로 써봐야지만 그게 쓸 만한지 아닌지 알게 된다. 아무것도 쓰지 않고서는 결과를 전혀 예측할 수가 없다. 모른다. 절대 모른다. 알았다면 아는 것부터 미리미리 썼겠지만 그런 일 따위는 기획의 세계에서 일어나지 않는다. 그래서 누군가 내게 재능이 무엇이냐 묻는다면 '그럼에도 하려는 마음'이라고 답한다. 어디 기획뿐일까. 외국어도 수영도 다 마찬가지겠지.

야구장에서 야구 보는 걸 무척 좋아한다. 이기면 좋지만 늘 이기기만 할 수는 없다는 걸 이젠 안다. 그럴 땐 응원 팀보다 야구라는 팀 자체의 서사를 즐긴다. 무라카미 하루키처럼 외야 관중석으로 날아오는 안타를 보며 소설가가 되어야겠다고 결심하진 못했지만 야구장이 주는 작은 각성을 나도 조금은 알고 있다.

야구장에서 가장 좋아하는 장면은 장쾌한 홈런이나 위기를 극적으로 탈출하는 투수의 삼진이 아니다. 누가 봐도 아웃이 뻔한 땅볼을 치고도 1루까지 이를 악물고 달리는 타자의 순간을 나는 좋아한다. 살다 보면 '이 정도론 어림없다'는 걸 알면서도 끝까지 뛰어야 하는 순간이 내게도 있으니까. 그때 '최선을 다한다'는 표현만으로는 부족한 뭉클함이 있다. 그걸 보고 있으면 자기 삶을 산다는 것이 어떤 건지 알게 된다. 어쨌든 그런 선수들은 자기 삶을 산 것이다.

한때 동트기 전이 가장 어둡다는 류의 격언이나 이 고통도 언젠가 끝난다는 식의 위로를 좋아했지만 이젠 아니다. 지금은 대낮같이 밝은 시간들도 끝내 어두워지고 만다는 걸 먼저 생각한다. 낮의 시간을 즐기기보다 밤의 시간을 견디는 방법을 깨닫는 게 더 중요하다는 사실을 많은 시간을 겪은 지금은 잘 안다. 그래서 가끔 팀원이 기획 분야의 재능이란 게 대체 무엇이냐 물을 때마다 '그럼에도 꾸준하려는 마음의 등속'이라 답하곤 한다.

시간이란 게 참 신기해서 실패한 시간이 쌓이면 언젠가 그 시간을 존중하는 시간도 반드시 온다. 이 일을 즐기면서 하라고는 차마 말하지 못하겠다. 하지만 기획은 그 어떤 분야보다 당신 속에 있는 이야기로 이뤄진다. 멋진 기획을 해보이겠다는 당찬 다짐도 좋고, 적어도 이런 기획자가 되겠다는 소박한 바람도 좋지만 아무리 생각해도 가장 좋은 마음은 '계속해 보겠다는 마음'뿐인 듯하다. 이상이란 게 어딘가에 붙박여 있는 것이라 생각하지 않는다. 그걸 향해 내딛는 걸음 하나하나가 이상이라 생각한다. 그러므로 기획을 배우는 과정을 일컬어 하나의 부사만 써야 한다면 '서서히'다.

누군가 내게 재능이

무엇이냐 묻는다면

'그럼에도 하려는 마음'이라고

답한다.

의심

: 일단 의심부터!

'의심'이라는 단어에 대한 이야기를 하기 전에 먼저 그림을 하나 그려보기로 한다. 꼭 종이와 연필을 준비하지 않아도 괜찮다. 그려볼 대상은 기린이다. 머릿속으로 그리든, 종이에 직접 그리든 그리기 시작해보자. 아마 대부분 노란 바탕의 목이 긴 짐승을 그리고, 거기에 커피색 무늬를 그려 넣는 것으로 기린을 완성할 것이다.

자, 이제 진짜 기린 사진을 보자. 기린은 놀랍게도 노란 바탕에 커피색 무늬가 있는 동물이 아니라, 커피색 바탕에 노란 줄이 있는 동물이다. 그런데 우리가 기린을 이렇게 그리는 이유는 아주 오래전부터 기린의 모습을 지레짐작해

버렸기 때문이다. '이건 보나 마나야'라고 재단해버리는 것만큼 기획에서 어리석은 자세가 없다. 평소 아무 의심 없이 쓰는 단어부터 의심해보는 것도 기획에 도움이 된다.

나 또한 의심부터 하고 보는 단어가 몇 가지 있는데, '선한 영향력'이 그렇다. 누군가에게 영향을 끼치겠다는 마음부터가 이미 선하지 않기 때문이다. 선함과 영향력이란 단어의 조합 자체가 형용모순에 가깝다. 이기심이란 것은 제멋대로 굴겠다는 뜻이 아니라 남을 내 맘대로 하겠다는 뜻인데, 선한 영향력도 그런 의미에서 비릿한 이기심이 느껴지는 표현이다. 마더 테레사 수녀도 알버트 슈바이처도 누군가에게 영향력을 행사하려고 선했던 게 아니다.

선한 영향력이란 말도 그렇지만, 기획자라면 아무렇지 않게 쓰는 표현들을 의심할 줄 알아야 한다. '사이다'나 '팩트폭행'처럼 갑자기 유행하는 단어들을 의심해야 한다. 요즘엔 내게 '1인분'이란 단어가 그렇다. 이 말은 얼핏 내 책임을 다해야 한다는 정언명령처럼 들리지만, 한편으론 '1인분만 하면 된다'는 연대 의식의 소멸이나, 더 나아가 1인분을 하지 못하는 자들에 대한 분노와 증오로 흐를 우려가 있다. 1인분의 기준은 모두가 다르고, 나와 같지 않은 양이 누군가에겐 1인분일 수 있으며 그들이 부족할 땐 내가, 내가 부족할 땐 누군가가 채워줄 수 있다는 생각이 필요하다.

'문제적 개인Problematic individual'이란 말이 있다. 문예사상가 게오르크 루카치Georg Lukacs가 《소설의 이론》이란 책에서 했던 말이다. 여기서 말하는 문제적 개인이란 문학 작품 속에서 문제를 일으키는 사람이라고 생각하는 이들이 많은데, 정확히는 문제를 제기하는 사람을 뜻한다. 바꿔 말하면, 의심하는 사람이다.

기획에도 '의심하는 사람', '문제를 제기하는 사람'이 필요하다. 기획에는 중심 질문이라는 게 있다. 가령 하나의 제안서를 이끌어갈 때 '이 제안은 고객의 어떤 문제를 해결하는가'라는 질문은 매우 기본적이고 훌륭한 중심 질문이다. 그 이후에 '그 문제는 정말 고객이 문제라고 여기는 영역인가' 따위의 꼬리 질문이 따라오는데, 어쨌든 중요한 건 중심 질문이다. 이 질문을 할 수 있게 만드는 힘은 '의심'에서 온다. 쉽게 말해, 남들이 다 할 것 같은 생각을 우선 나도 해보고 거기에 내 시간을 조금 더 덧대어본다.

중심 질문과 꼬리 질문을 구분하는 간단한 방법이 있다. 가령 어느 글로벌 화장품이 본국에 비해 한국 시장에서는 맥을 못 추는 상황이 있다고 가정해보자. '왜 이 화장품의 인지도가 본국에 비해 한국에서 떨어지는가'라는 질문은 문제 정의와 연결된 좋은 중심 질문이다. 이 질문 다음에는 자연스레 '어떻게 인지도를 높일 것인가?' 혹은 '제작하려는 광고영상은 어떤 형태여야 할까?' 같은 꼬리 질문이 따라온다. 눈치챘는지 모르겠지만 중심질문은 대부분 '왜'와 관련되어 있고 꼬리 질문은 '어떻게'로 시작한다. 즉, 의심의 조준선은 방법보다 '원인'에 정렬되어야 한다. 요컨대 의심은 '왜'라는 기획의 근본적인 물음을 소환하는 태도다.

역치

: 무슨 말을 해도 괜찮은 심리적 안정감

기획자에게 가장 위험한 것이 있다면 타인을 숙제로 여기는 마음이다. 누군가에게 내 삶이 증명의 창구가 되는 순간 그때부터 주변은 지옥이 된다. 기획에서 가장 나쁜 것은 실수나 실패가 아니라 미완성이다. 그리고 미완성을 만드는 큰 원인이 타인이 될 때가 많다. 가령, 세상에 내놓고 평가받기를 두려워 아예 미완으로 남기는 경우다. 그런 의미에서 기획자라면 역치가 높은 것보다 낮은 게 낫다.

역치는 일종의 '동조점수'다. 어떤 일에 동참하기까지 앞서서 몇 명이나 해당 아젠다에 동참했냐를 의미한다. 역치 점수가 낮으면 자신이 옳다고 생각하는 일에 타인의 눈치를 보지 않는다. 그래서 역치가 낮은 이들은 자존감이 높다. 그러다 보니 역치가 낮은 사람들일수록 주변과 잘 어울리지 못하는 경우가 많다.

자유투 성공률이 높은 선수 중에 릭 베리Rick Barry라는 선수가 있었다. 그런데 이 사람의 공 던지는 폼이 특이했다. 자유투를 언더핸드로 던졌다. 만화 〈슬램덩크〉의 팬이라면 강백호의 자유투 폼이 이 선수를 패러디했다는 걸 알 것이다. 신체 역학적으로 오버핸드보다 언더핸드가 자연스러움에도 릭 베리를 따라 한 선수는 많지 않았다. 폼 때문에 할머니 슛이라 놀림을 받았기 때문이다. 높은 자유투 성공률보다 '남자 농구선수답지 않음'이 더 무서웠을 것이다. 자유투를 못 던지기로 악명 높았던 샤킬 오닐Shaquille O'neal은 언더핸드로 던지느니 차라리 자유투 성공률 0퍼센트가 되는 게 낫다고 말했다. (그게 팀의 승리보다 어떤 점에서 나은지 모르겠다.) 월트 체임벌린Wilt Chamberlain 역시 낮은 자유투 성공률 때문에 언더핸드로 던진 적이 있는데, 그해 개인 최고 자유투 성공률을 기록하기도 했다. 하지만 그는 이내 다음 시즌에 원래 던지던 오버핸드 자유투로 돌아갔다. 남들이 자신을 놀린다는 이유였다. 그의 자유투 성공률은 다시 형편없어졌다.

뭔가를 수용하고 적용하는 데 있어 낮은 역치는 매우 중요하다. 기획회의에서도 크게 다르지 않다. 특히 브레인스토밍을 할 때 중요하다. 널리 알려진 대로 브레인스토밍은 서로가 서로를 부정하지 않는 것이 매우 중요한데, 이때 낮은 역치의 중요성이 빛을 발한다. 역치가 낮은 사람은 상대 의견에 대한 수용도가 매우 높다. 이런 이들이 많은 집단에서는 내가 무슨 말을 해도 된다는 분위기가 형성되고 여러 의견이 자유롭게 등장한다.

여행지에서 풍경 사진을 찍다 보면 지저분한 전신주 때문에 사진이 예쁘게 촬영되지 않는 적이 한두 번쯤 있을 것이다. 그런데 오래된 유럽 여행을 하며 사진을 찍다 보면 의외로 전신주가 방해되지 않는다는 사실을 알게 된다. 왜 일까. 놀랍게도 유럽은 전기가 일반적으로 보급되지 않은 1930년대부터 이미 전신주가 도시 미관을 해친다고 생각해서 땅속에 전기선을 매립하는, 이른바 지중화를 계획했기 때문이다. 당시에 지중화를 생각했다는 것도 놀랍지만 그 의견을 존중하는 분위기였다는 것에 주목할 필요가 있다. 1930년대면 전봇대는커녕 유럽 전역에 전기조차 잘 보급되지 않았을 시대다. 이러한 점을 고려하면 정말 놀라운 결정이 아닐 수 없다. 역치가 펼쳐주는 가능성이란 이런 것이다.

팀 안에서 역치를 낮추는 방법이 있다. 최근 기획 분야에서는 처음 아이디어를 내는 퍼스트펭귄도 중요하지만 그 아이디어에 지지를 보내는 세컨드펭귄의 중요성이 부각되고 있다. 서로를 존중하며 다른 의견에 대한 역치를 낮출 수 있는 훈련법 중 '갤러리 워크숍'이 있다. 컨설턴트 야마구치 슈가 처음 언급한 방식으로, 거창하게 들려서 그렇지 방법은 매우 단순하다. 갤러리에 가서 그다지 유명하지 않으면서 동시에 커다란 작품 앞에 모인다. 고흐나 르누아르처럼 너무 유명한 작품은 곤란하다. 이미 교과 과정에서 이 작가의 그림을 해석하는 방법을 배웠을 가능성이 크기 때문이다. 그림을 정했다면 다음 세 가지 정도의 주제를 가지고 이야기를 해보면 좋다.

① 이 작품에서 가장 먼저 눈에 들어온 것은 무엇인가.

② 이 작품은 무엇을 표현하는가.

③ 이 작품 이후에 벌어질 상황은 무엇인가.

리프레시를 위해 갤러리에 가면 좋겠지만 꼭 갤러리에 가지 않아도 상관없다. 컴퓨터 화면 등으로 적당한 작품 몇 점을 함께 보면서 이야기해도 된다. 보통 세 가지 질문에 참여자 모두 다른 이야기를 하게 되는데, 이 과정에서 참여자들은 우리 팀 안에서는 '정답을 말하지 않아도 괜찮다'는 안도감을 가질 수 있다.

안정감은 기획회의의 핵심요소다. 기획은 봉지를 뜯고

500밀리리터의 물이 끓을 때 면과 분말 수프를 넣고 5분간 끓이면 완성되는 라면처럼 명확한 프로세스가 있는 것이 아니다. 오히려 넓은 우주에서 사금 캐는 심정으로 실마리를 한 가닥씩 잡아나가는 막막한 과정에 가깝다. 이때 중요한 과정 중 하나가 서로 비난하지 않는 브레인스토밍이다. 회의 중 누군가 무시당하는 모습을 보고 다른 구성원들이 내 의견도 비웃음을 살지 모른다는 생각을 하게 되는 순간, 브레인스토밍은 끝난다.

높은 역치가 무조건 나쁘다는 건 아니다. 역치가 높다는 건 어떤 사안 앞에 무척 신중해질 수 있기 때문에 도움이 되기도 한다. 하지만 세상이 지금껏 해결하지 못한 문제의 원인을 분석하고 해결하고 싶은 기획자라면 새로운 실마리의 뿌리를 자를 수 있는 높은 역치를 경계할 줄 알아야 한다. 높은 역치의 동의어는 자기 검열이기 때문이다.

호기심

: 다른 세상을 들여다보는 추동력

좋은 기획자는 세상에 대한 호기심을 끝없이 써보는 사람이다. 기획자가 되고 싶은 사람은 최대한 관심 영역을 넓혀 어떤 분야든 대응할 수 있어야 한다. 알기 위해 배우는 것도 있겠지만 자신이 모른다는 사실을 학습 과정에서 자각하기 위해서라도 계속 호기심을 가지고 살펴야 한다. 자기 분야는 누구보다 잘 알지만 오늘 자 조간 1면이 일제히 보도한 머리기사는 하나도 모르는 기획자들이 있다. 종이 신문을 읽으라는 이야기가 아니다. 트렌드를 아는 것이 기획의 전부라 생각하는 사람들이 있는데, 물론 트렌드를 파악하는 건 기획의 큰 무기다. 하지만 그건 방식이지, 목적이 아니다. 내 주변 보통의 인간들이 품고 있는 욕망이나 사회적 담론에 귀를 기울이는 게 훨씬 더 중요하다. 요컨대 나를 둘러싼 세상이 내가 좋아하는 세상보다 더 크고 깊다는 사실을 기획자는 알아야 한다.

발달장애를 지닌 변호사가 주인공이었던 드라마 〈이상한 변호사 우영우〉를 기억할 것이다. SNS에서 수많은 '짤'과 명대사를 양산했던 이 드라마의 최고 시청률은 17.5퍼센트였다. 그런데 비슷한 시기에 방영했던 〈삼남매가 용감하게〉라는 주말드라마를 기억하는 사람은 많지 않다. 많은 이들이 우영우에 비해 상대적으로 기억하지 못하는 이 드라마의 최고 시청률은 28퍼센트였다. 그나마 최근 주말드라마의 인기 하락으로 매우 떨어진 수치라고 한다. 물론 KBS 주말드라마는 그 특성상 주말이 되면 습관적으로 TV를 켜는 시청 인구가 있다. 하지만 그런 사람들이 이만큼 존재한다는 것을 기획자가 알지 못하면 인간 보편의 욕망을 파악하는 기획을 할 수 없다. 내 주변의 세상이 전부가 아니라는 인식과 호기심은 기획자에게 필수다.

신입 기획자가 들어오면 늘 주문하는 훈련이 있다. 완성된 기획서를 주고 이 기획서가 콘텐츠로 치면 무엇과 비슷한지 파악해보는 훈련이다. 어떤 친구는 기획서를 파인

다이닝 레스토랑이 음식을 내어놓는 방식에 비유하기도 한다. 왜 그러냐고 물으면, 이 기획서는 전반 도입부에 큰 신경을 썼는데 이는 파인 다이닝 레스토랑으로 치면 식당의 수준이 결정되는 핫에피타이저에 가깝기 때문이라고 설명한다.

기획서의 흐름을 부석사가 무량수전을 보여주는 방식에 빗댄 구성원도 있었다. 사찰 건물은 저마다 등장하는 흐름이 있는데 중생의 각성을 돕기 위해 부처님을 모시고 있는 대웅전을 드라마틱하게 등장시킨다는 점에서는 대부분 비슷하다. 제안서의 흐름도 이와 비슷하다는 이야기를 가져온 것이다. 물론, 늘 그런 기막힌 발상이나 비유가 나올 순 없고 정답도 없다. 그걸 바라지 않는다. 다만 모든 것이 생각의 땔감이라는 마음을 잃지 않고, 결국 기획이 사람의 마음이 언제 움직이는지 아는 것임을 깨닫길 바라며 이런 훈련을 한다.

나는 사람이 언제 늙는가에 관심이 아주 많다. 의학적 원인이 궁금한 건 아니다. 정확히 말해 인간은 언제 꼰대가 되는가에 관심이 많다. 그런 점에서 처는 곁에서 보면 참 늙지 않는다는 생각을 왕왕한다. 궁금증에 비해 원인을 선뜻 알 수 없던 내게 올 초, 처가 무심코 내뱉은 이야기는 큰 단서가 됐다. 당시 처는 대형 디지털프로젝트를 맡으면서 난생처음 HTML이란 것을 배워야 했다. 나 같으면 엄두도 내지 못할 만큼 까다롭고 막막해 외주를 줬을 텐데 처는 이런 일에 어떤 두려움도 없다. 마치 초행길을 나서면서 '여기서 마을버스를 타면 된다'는 정도의 표정을 짓곤 "배워서 하면 돼"라고 말했다. 나로선 평생 가져보지 못한 삶의 태도였다. 지금도 귤을 까먹으며 HTML 이야기를 하는 처의 모습이 잊히질 않는다.

"오늘 HTML이란 걸 딱 열어봤는데, 전임자가 해놓은 작업들이 있더라고. 근데 뭐랄까, 이게 마냥 복잡하고 어렵다기보다 특정한 규칙이 있었어."

어떤 점에서 그렇더냐고 물으니 처는 입안에 귤을 넣고 오물거리며 이렇게 말했다.

"아, HTML은 말이야. 작성자가 세 명에게 말을 거는 언어야. 첫째는 컴퓨터에게 거는 말이 있고, 둘째는 처지가 비슷한 개발자끼리 건네는 말이 있어. 주로 이런 걸 주의하라거나 하는 당부의 말이지. 끝으로 콘텐츠를 보게 될 독자에게 거는 말이 있지. 각자에겐 각자의 언어가 필요한 거고 그 규칙을 알면 마냥 어렵지 않더라고. 근데 사람마다 스타일이 다르고 0과 1로 이뤄진 세계에도 섬세한 규칙이 있다는 게 좀 감동적이기까지 했어."

어안이 벙벙했다. 그때 나눈 대화와 내 기분은 지금도 일기장에 고스란히 쓰여 있다. 작은 것에 감동하고 늘 고양이 같은 호기심을 달고 사는 모습은 곁에 있는 사람 입장에서 볼 때 처가 지닌 가장 큰 장점이다. 인간은 나이가 들수록 호기심이 깃들기보다 웬만한 일엔 기시감을 느끼거나 시큰둥해진다. 어느 순간 세상과 내가 싱크로가 맞지 않는다는 생각이 들 때가 있어도 인정하지 않고 그냥 새로운 것을 욕하며 넘어간다. 모르는 건 그냥 무지와 미지의 상태로 내버려두고 애써 배우려 들지 않는다. 다름 아닌 내가 그렇다. 그리고 인간은 그 순간 늙고 고인다.

아이는 다르다. 아이는 신비로움과 호기심을 일하듯 발산한다. 매사에 호기심이 있고 찬탄할 줄 아는 한 사람은 늙지 않고 꼰대가 되지 않고 낡지 않고 고이지 않는다. 삶을 추동하는 힘이야 제 나름으로 다르겠지만 기획자의 경우엔 호기심임에 틀림없다. 그런 마음이 분투의 시간을 잇댄다.

나를 둘러싼 세상이

내가 좋아하는 세상보다

더 크고 깊다는 사실을

기획자는 알아야 한다.

크리에이티브

: 상투성과의 치열한 싸움

광고기획에서 크리에이티브는 하늘 아래 새로운 것을 만들어내는 것이 아니다. 크리에이티브란 스스로의 상투성과 씨름하는 작업이다. 기획을 하면 할수록 직업에 부과된 숙명이란 생각을 지울 수 없게 된다. 실제로 더 이상 새로운 아이디어가 존재할 수 없다 하더라도 모든 크리에이티브는 반드시 각자의 새로움을 가지기 마련이라는 믿음이 내겐 있다.

작가들이 공통적으로 하는 말이 있다.

"지금까지 많은 소설을 써왔지만 이번만큼 막막했던 적이 없다."

"저도요!"라고 크게 외치고 싶을 때가 한두 번이 아니다. 어쨌든 모든 기획은 기획자들에게 완전한 처음이다. 설레면서 두려운 게 당연하다.

명탐정 셜록 홈스에겐 그의 친구 왓슨 박사가 있는데, 박사치곤 매번 꽤 평범한 추리를 한다. 반면 홈스는 왓슨이 보지 못했던 장면이나 같은 장면도 다르게 해석하며 추리를 펼치고 사건을 해결한다. 가령 왓슨이 "개는 아무것도 하지 않으니 사건과 관계없지 않은가?"라고 하면 홈스는 "평소에 짖던 개가 아무것도 하지 않았다는 건 면식범이란 소리고, 그거야말로 대단히 중요한 점 아닌가?"라는 식이다. 어린 시절 셜록 홈스를 보며 궁금했던 건 왜 처음부터 추리를 하지 않고 왓슨 박사가 시간을 낭비하게 둘까 하는 점이었다. 왜일까? 바로 왓슨은 홈스의 추리를 돋보이게 하는 역할을 한다. 즉 왓슨의 범박함으로 인해 홈스의 비범성이 재밌어진다. 크리에이티브의 원리도 비슷하다.

크리에이티브를 위해 창의성이 필요하다는 것만큼 큰 착각이 없다. 물론 필요하지만 그게 전부는 아니다. 오히려 그게 발화될 수 있는 환경이 훨씬 중요하다. 앞서 언급한 콜 포비아 이야기를 다시 해보자. 한때는 젊은 세대에게 콜 포비아가 심하다고 알려지기도 했지만 나도 전화보다는 메일이나 메신저가 편한 걸 보면 딱히 세대의 문제는 아닌 듯하다(특정 세대를 대상화하는 자세는 기획자에게 매우 위험하다).

전화나 대면 대화를 할 땐 상대방이 내 말에 즉각 반응한다. 그의 말뿐 아니라 표정과 몸짓에도 미묘한 감정들이 담겨 있다. 문제는 상대의 즉발적 반응이 내 기대나 예상대로 나타나지 않는다는 점이다. 오해가 생길 수 있고 그 오해는 누구에게나 두렵다. 뜻밖의 과민 반응이 당황스러울 수도 있다. 그에 대해 나 또한 어떤 식으로든 곧바로 피드백을 해야 하는데 이 과정이 무척 부담스러울 수밖에 없다. 자칫 피드백이 사태를 악화시킬 수도 있기 때문이다. 현대 사회의 콜 포비아는 그런 면에서 일견 당연해 보이는 측면도 있다.

누군가의 순간적인 리액션을 부담스러워하면서 누군가의 마음을 알아채는 기획을 하기란 쉽지 않다. 안전함을 추구하는 것을 이해하지 못하는 바는 아니나 크리에이티브나 기획회의는 그런 식으로 이뤄질 수 없다. 메신저로 기획회의를 할 수 없는 이유다. 상대방의 여과되지 않은 감정이나 예상치 못한 반박을 각오하고, 서로의 의견에 상처받을 수 있음을 인정하는 것이 기획의 완성도를 높일 수 있는 길이다. 오류나 실수를 수정해가면서 이해의 폭을 넓힐 수 있다고 생각해야 한다.

그런데 대부분 이런 리스크를 회피하고 싶어 한다. 하버드대학 심리학자 하워드 가드너Howard Gardner 교수는 이를 '감정리스크 회피 성향'이라 했다. 이런 식의 회피 성향은 전화 통화를 꺼리는 마음 정도에서 멈춰야 한다. 이 성향이 기획회의까지 이어지면 피상적 소통에 길들여질 수밖에 없다. 아무도 상처받지 않으면서 채택되는 크리에이티브는 어디에도 없을 것이다. 광고인 박웅현이 광고회사는 안전함보다 미안함이 낫다고 이야기하는 것도 다 그런 이유다. 안전함만 택하는 순간 기획안은 부실해지고 조직의 경쟁력도 허약해진다.

독설을 해도 괜찮다는 뜻이 아니다. 피상적 소통에 안주하면 안 된다는 뜻이다. 크리에이티브는 실패나 반박을 무릅쓰고 말을 던지는 용기를 요구한다. 가끔은 말도 안 되는 것을 말이 되게 하는 뻔뻔함도 필요하다. 핵심은 그런 말을 할 수 있는 분위기다. 주장과 공격은 다르다. 기획회의를 한다는 것은 둘의 차이를 이해하는 것이다. 자기주장을 한다는 것은 타인에게 불필요한 상처를 주지 않고 진심을 말한다는 의미다. 확신에 찬 말과 행동은 타인을 거슬리게 할 수 있지만 의도적이지 않다. 사실, 진실을 정직하게 말하기 위해서는 어느 정도 불편은 감수해야 한다.

튀르키에 작가 오르한 파묵Orhan Pamuk의 《다른 색들》에
는 이런 표현이 등장한다.

"아버지는 어린 내가 그린 그림에 감탄했다. 칭찬을 받
으려고 보여주었던 스케치들을 마치 걸작이라도 되는 듯
꼼꼼히 살펴보았고, 아무리 싱겁고 시시한 농담을 해도 진
심으로 미소를 지어 보였다. 아버지가 보여준 믿음이 없었
더라면, 작가가 되고, 이를 내 삶으로 선택하기가 훨씬 어려
웠을 것이다."

기획자는 자신의 능력을 객관화시켜야 하지만 동시에
서슴없이 이야기할 수 있는 분위기도 필요하다. 허무맹랑
한 의견도 미친 소리가 아니라고 말하는 분위기 속에서 일
해야 한다. 무엇이 좋은 전략이고 크리에이티브인지 예측할
수 없기 때문이다. 서로를 있는 그대로 받아들이는 관계가
기획 그룹의 핵심이다. 미국 소설가 커트 보니것Kurt Vonnegut
은 인류의 문화에 급진적 변화를 불러일으키기 위해서는
똑똑한 두 명이 꼭 필요하다고 했다. 피카소 같은 사람이
첫 번째. 나머지는 피카소의 큐비즘을 보고 그는 미친 게
아니라고 말해주는 한 사람이 두 번째다.

더불어 크리에이티브는 창의력보다 상투성을 의심하
는 눈이 먼저라는 사실도 알아둘 필요가 있다. 비범한 통찰

력을 가지려면 상투적인 생각과 피상적인 인식에서 벗어나야 한다. 가장 효과적인 방법 중 하나는 관찰이다.

앙리 마티스는 '본다는 것 그 자체가 노력을 요하는 창조적 작업이다'라고 했다. 보이는 것에 머물지 않고 보이지 않는 것을 탐색하는 것은 의식적으로 수행해야 하는 과제라고 말이다. 이창동 감독의 〈시〉라는 영화에도 비슷한 이야기가 나온다.

"여러분은 지금까지 사과를 본 적이 없어요. 진짜로 본 게 아니에요. 사과라는 것을 정말 알고 싶어서 보는 것이 진짜로 보는 거예요. 무엇이든 진짜로 보게 되면 뭔가 자연스레 느껴지는 것이 있어요. 샘에 물이 그려지듯 종이와 연필을 들고 그 순간을 기다리는 거예요. 흰 종이의 옆에 순수한 가능성의 세계, 창조 이전의 세계, 시인에게는 그 순간이 중요해요."

여행을 가면 사진도 좋지만 가급적 한두 시간 정도 투자해 만년필로 그림을 그려 남기려 한다. 물론 내게도 값비싼 디지털카메라가 있고 아름다움을 재현하기엔 그편이 훨씬 더 정교하고 시간이 단축된다는 걸 안다. 영국의 사상가 존 러스킨John Ruskin은 '풍경은 사진으로 찍는 순간 할 일을 다 끝냈다고 생각하게 만들고, 스케치를 하면 장소의 구조나 색에 대한 관찰을 끊임없이 품게 만들어 아름다운 풍경

뿐 아니라 과정까지 소유하게 만든다'고 했다. 아무리 그림을 잘 그리는 사람이라도 막상 눈앞에 보이는 풍경을 그리려면 막막해진 경험이 있을 것이다. 잘 안다고 믿었던 사물의 진정한 모습을 실제론 몰랐다는 사실이 금방 드러나기 때문이다. 나무 한 그루를 바라보아도 제멋대로 자라나지 않았고, 모르는 사람끼리 만들어낸 도시임에도 일정한 규칙이 있음을 끝없는 물음과 관찰 끝에 발견하게 된다. 내가 알던 편견 즉, 상투성을 버리는 틈. 그 사이에서 크리에이티브가 비집고 나온다.

객관화

: 내가 틀릴 수 있다

논어에 이런 구절이 나온다. 공자의 제자 자공이 이렇게 말한다.

"저는 타인이 제게 하지 않았으면 하는 행동을 저 또한 타인에게 하지 않으려 합니다."

흥미로운 건 공자의 대답이다.

"그건 네가 쉽게 도달할 수 있는 경지가 아니다."

스승이라면 응당 제자의 바람직한 태도를 격려해도 모자를 텐데, 바르게 살겠다는 제자의 기분을 초장부터 잡치게 하는 이유가 뭘까. 그런데 이 말은 곱씹을수록 좋다. 공자의 대답은 너 따위에겐 불가능하니 주제 파악을 하고 포기하란 의미가 아니다. 오히려 자신이 목표로 삼은 일에 도달하기가 쉽지 않음을 제대로 인식하는 리얼리스트만이 그 경지에 닿을 수 있다는 말이라고 이해된다. 이른바 자기 객관화다.

나는 약자고 선하다는 생각 그러니까, 내 위치와 상관없이 나를 약자성에 우선 이입하는 피포위의식 Siege Mentality 은 거의 본능에 가깝다. 하지만 나 정도면 선하고 좋은 사람이란 생각만큼 기획자에게 위험한 생각이 없다. 나쁜 짓을 저지르는 사람 중에 스스로 악하다고 생각하는 사람은 없다. 히틀러도 박정희도 모두 제 나름으로 선을 이룬다는 생각이었다. 성폭행 범죄나 스토킹 범죄도 상대방이 나를 사랑한다고 제멋대로 생각한 마음에서 발현되기도 한다. 이런 마음만 경계해도 평균적으로 좋은 사람이 될 수 있지 않을까? 즉, 좋은 사람이 되는 데 가장 중요한 첫 단추는 '내가 좋은 사람'이란 생각부터 지우는 것이다. 선한 영향력이란 표현에 대한 의문을 이야기했을 때, 그 생각 자체가 나쁜 건 아니지 않냐고 했던 이들이 있었다. 맞는 말이다. 그 생각 자체는 나쁠 게 없다. 하지만 선한 영향력은 '내가 선하다'는 확신이 선행되어야 하는데, 그 확신이 역사적으로 선하게 발화된 경우는 거의 없었다.

대체 이것이 기획과 무슨 상관이람? 관계를 맺고 살아

간다는 건 다른 생각, 욕망, 다른 습관들 사이에서 자주 갈등하고 좌절하고 때로는 억울함과 피곤을 감수하면서, 끊임없이 서로의 필요에 감응하고 협상하고 조율하며 나 자신의 성숙과 확장을 경험하는 일이다. 작은 기획조차 이런 일의 반복이다. 그래서 매 순간 나는 다른 사람에게 마냥 좋은 사람이 되기에는 실패했다는 걸 깨달으면서 살아가는 편이 좋은 사람이 되겠다는 다짐보다 차라리 낫다. 그게 훨씬 민주주의적 인간이다. 내가 선하다는 확신을 굽히지 않는 사람은 오히려 파시즘으로 흐를 확률이 높다. 나의 생각이 틀릴 수도 있다는 자세는 기획자에게 매우 중요하다.

어려서부터 멋있는 사람에 대한 고민이 많아 여러 멋진 사람 특히, 남자를 분석했는데 공통점은 한 가지뿐이었다. 그들은 모두 약점을 인정했고, 약점을 인정했음에도 좋아하는 사람이 곁에 많았다. 서로 가면을 쓰지 않아도 되니까, 멋있어 보이는 건 너무 당연하다.

우연히 고시엔 심판에 대한 기사를 접했다. 일본 고교 야구 감독에겐 세 가지 허용되지 않는 것이 있다. 등 번호, 그라운드 출입, 그리고 판정에 대한 항의다. 야구는 물론 전 세계 스포츠가 도입 추세에 있는 비디오 판독 역시 일본 고교야구는 끝까지 도입하지 않고 있다. 비용 문제도 있지만

학생들이 심판의 권위에 의심하고 도전하는 모양새가 좋지
않다는 이유에서다. 그만큼 일본 고교야구에서 심판의 권
위란 높고 크다.

그런데 2022년 3월 20일 갑자원 고시엔에서 흥미로운
사건이 일어났다. 히로시마 지역 고교와 후쿠이 지역 고교
의 경기 중 일어난 일이다. 2루심의 실수로 주자가 아웃되
는 상황이 벌어졌는데 그 순간 심판이 경기를 멈추고 장내
방송으로 방금 상황과 심판진 실수를 설명하고 1루 주자를
진루시킨 후 경기를 속개하겠다는 내용이었다. 방송을 마
친 심판은 거기서 끝내지 않고 양 팀 더그아웃을 일일이 찾
아 사과까지 했다. 일본 고교야구에서 심판의 권위란, 권위
적이라고 매번 비난받는 한국의 심판은 댈 것도 아닐 만큼
상상을 초월한다. 그런 심판이 100년이 넘은 고시엔 역사
최초로 장내에서 사과를 한 것이다. 모든 관중은 심판의 인
정과 변화에 박수를 보냈다고 한다. 이튿날 많은 신문이 이
사실을 대서특필했다.

살면서 가장 위험한 생각이 무엇이냐 묻는다면 나는
조금의 망설임도 없이 '나 정도면 괜찮다'는 생각이라고 답
한다. 나만이 정의를 독점하고 있으며, 나는 옳다는 믿음,
나 정도면 괜찮다는 믿음. 비단 기획뿐만이 아니다. 직장 갑
질이나 성폭력은 물론 수많은 사람이 희생되는 전쟁까지

모두 우리가 정의이며 우리는 괜찮다는 믿음 때문에 벌어진다. 이 나이에 그럴 일은 없겠지만 누군가 내게 장래희망을 물어온다면 앞으론 주저 없이 저 고시엔 심판 같은 어른이라고 말할 수 있을 것 같다.

기획회의를 할 때도 마찬가지다. 회의를 하다가 '그거 나도 안다'는 말보다 '그런 게 있었구나. 알려줘서 고맙다'는 이야길 의식적으로라도 자주 하려 노력한다. 그래야만 할 것 같아서다. 모르는 어떤 것, 새로운 무엇을 마주할 때 과거의 것이 옳다고 고집을 부리고 자존심을 세우기보다 나도 모를 수 있으니 배워야 한다는 생각으로 살고 싶다. 그런 어른이 되고 싶다. 약점을 굳이 숨기거나 극복하지 않아도 괜찮다. 인정하는 것만으로도 얼마든지 멋진 기획자가 될 수 있다. 당신이 틀렸을 때 인정하는 자세는 무척 세련된 어른의 자세다. 그 태도가 강력한 힘을 발휘한다고 나는 믿는다.

강자와 다수의 편에 서 있다 보면 경솔한 우리가 호의적인 세상을 그대로 믿어버릴지 모른다. 그래서 기획자는 마이너의 감각과 멀어지면 안 된다. 우리는 제 나름으로 다른 사람들이고 각자의 환경과 조건 기질에 따라 누구나 편견을 가질 수밖에 없다. 왜 그렇게 생각하게 되었는지까지는 이해할 수 있다. 하지만 내가 틀렸을지 모른다는 생각조차 하지 않으려는 완고함, 그걸 알지만 고치지 않는 안일함은 타인에 대한 폭력이 될 수 있다. 그래서 공부가 필요하다. 그 공부는 기획자뿐 아니라 세계 시민으로서 각성이고 시작이기도 하다. 부자를 묘사하는 가장 쉬운 방식은 부유한 동네에 자리한 넓은 집이나 외제 차가 아니라 그들이 서민의 삶에 얼마나 무지한지 보여주는 것이다. 국무총리 후보가 택시비나 대중교통 요금을 모르는 모습, 재벌이 청약통장의 존재를 모르고 사는 모습이 그들을 부자로 만든다. 모른다는 것은 강자의 모습이다.

나를 객관화하려면 약자를 헤아리는 것도 중요하지만 악마화된 대상에 나를 대입해보는 것도 좋다. 강자보다 약자에게 우선 이입하는 의식은 인간이 연대하는 데 매우 유용한 감정이다. 하지만 약자에게 이입하는 감정이 내가 강자가 아니라는 증거가 되어주진 않는다. 선악이 분명해 보이는 일이 있을 때 약자보다 악마화된 대상에 나를 대입해보는 것, 나라면 어떻게 행동했을까 상상해보는 것, 그게 세상을 객관적으로 보게 하는 조금 더 나은 방식일지 모른다.

출근길 지하철역 입구에는 새벽부터 나와 전단을 나눠주는 사람들이 많다. 헬스클럽, 복삿집, 컴퓨터학원, 대출

등등 종류도 다양하다. 가급적 모든 전단을 받아드는 편인데 가끔은 내게 안 주시려는 전단을 부득부득 받아낸 후 홍보 내용이 '여성전용 한의원'이나 '네일케어'인 걸 보고 미안했던 적도 있다. 가급적 전단으로 받은 곳 중 한번쯤 찾아갈 수 있는 곳 가령, 식당 같은 곳은 일부러라도 찾아가는 편이다. 찾아가서 소여물 같은 맛만 아니면 "전단 보고 찾아왔는데 맛이 좋네요"라며 말을 건넨다. 모르긴 해도 퇴직금 대부분을 털어 넣어 자영업을 시작했을 중년의 사장은 안도하는 표정을 지으며 고마워한다. 사장은 더 열심히 할지 모른다. 맛이나 청결을 더욱 신경 쓸 테고 손님은 더욱 많아질 것이다. 시골의사 박경철이 말했다.

"동네 구석에 식당들 있죠? 거기 가서 식사하셔야 합니다. 맛없어도 가셔야 합니다."

기획을 고민하는 이들은 더욱 그래야 한다. 삶의 벼랑 끝에 서 있는 사람들의 간절함과 대형 광고를 의뢰하는 사람의 심정은 본질적으로 전혀 다르지 않다. 공감은 누구를 쉽게 편들 수 있는 권능이 아니라 내가 옳다는 확신을 녹이는 해독제가 될 때라야 비로소 제 기능을 한다.

개그맨 박명수 유튜브에 출연한 윤종신이 했던 이야기가 기억이 난다. 윤종신은 뮤지션이기도 하지만 뮤지션을 키워내는 프로듀서이기도 하다. 그는 앨범에 담을 곡들이 나오면 순서대로 모두 들어본 후 좋아하는 곡을 꼽아본다고 한다. 그렇게 들어보고 6번, 7번 곡이 마음에 들면 젊은 뮤지션에게 가서 이렇게 이야기한다고 한다.

"6번, 7번 곡을 (타이틀로) 밀지 마."

자기 귀에 듣기 좋았는데 왜 밀지 말라고 했을까. 자기에게 좋은 곡이 젊은 팬들에게 좋을 거란 보장이 없고, 오히려 자기와 비슷한 연배의 사람들과 주파수가 맞을지 모른다는 우려 때문일 것이다. 자기 객관화가 되는 사람이 훌륭한 기획자일 수밖에 없는 필연적 이유가 여기에 있다.

삶의 벼랑 끝에 서 있는 사람들의 간절함과

대형 광고를 의뢰하는 사람의 심정은

본질적으로 전혀 다르지 않다.

공감은 누구를 쉽게 편들 수 있는

권능이 아니라 내가 옳다는 확신을

녹이는 해독제가 될 때라야

비로소 제 기능을 한다.

성장

: 아무렇지 않게 다시 마운드에 오른다

처가 다리를 다쳐 좋아하는 수영 수업에 참여할 수 없었던 시간이 있었다. 한창 접영 실력이 나아지는 것에 재미를 붙여가고 있던 참이었는데 수영을 할 수 없어 무척 의기소침해진 모습을 보며 뜬금없지만 저 모습이 AI와 인간의 결정적 차이일 수도 있겠다는 생각이 들었다.

인공지능 기술은 놀라울 정도로 발전하고 있다. 하지만 과연 AI가 '나아지고 있음의 기쁨'을 알까. 학습과 훈련으로 내가 나아지고 있다는 기쁨이나 배우지 못하는 슬픔을 과연 AI는 알까. 조금 더 나아지고 싶다는 감각과 성장의 기쁨은 인간이 왜 AI와 다를 수 있는가에 대한 당분간의 대답으로 그럭저럭 쓸 만하지 않을까.

감염병 시대에 대학생들이 스스로를 '미개봉 중고'라고 불렀다는 이야길 들은 적이 있다. 코로나 시기에 입학한 학생들은 몇 년 동안 수업을 비대면으로 들을 수밖에 없었다. 캠퍼스 축제는 언감생심 동아리 활동도 간헐적 비대면으로 이뤄졌다. 그렇게 몇 년이 흘러 지긋지긋했던 감염병 시대가 끝났다. 문제는 몇 년간 비대면으로 학교생활을 한 학생들이 엔데믹 시대에 입학한 후배들에게 전수할 '학교생활 팁'이란 게 없었다는 거다. 그러다 보니 코로나 시대 종료 후 축제를 기획하는데 이른바 코로나 학번 선배들도 경험이 없어, 졸업생을 불러 자문을 구했다는 웃지 못할 이야기를 들었다. 미개봉 중고는 바로 이런 상황을 자조적으로 부르는 표현이다. 학번은 높아져 선배가 되었는데 경험으로 배운 건 부족하므로 뜯지도 않았는데 중고품 신세가 되어버렸다는 뜻이다.

코로나를 겪은 세대에겐 압축적인 경험을 해야 한다는 강박이 있다. 단순히 허세 때문에 다양한 취향에 집착하는 것이 아니라 경험의 부족을 배워서라도 채우려는 욕망이 강하다. 직장인도 비슷하다. 이직을 성장의 대체어로 보는 것도 그 때문이다.

기획을 꿈꾸는 이들 역시 기획만큼이나 성장이란 단어를 입에 달고 산다. 성장의 정의야 제 나름이겠지만 나로 말할 것 같으면 성장을 '지난 나의 부족함을 아는 것'이라 규정한다. 고백하자면 제출일이 임박하여 내가 나를 베낀 경우도 많이 있다. 업계 용어로 적당히 '우라까이'해서 내는 것이다.

기획을 공부하는 사람들에게 이런 이야기를 하고 싶다. 남을 베끼는 것은 해도 좋다. 남의 시간 위에 얹혀 간다는 죄의식이 있겠지만 지나치게 부끄러워할 필요는 없다. 세상이란 것이 그렇게 서로 섞이고 섞여 편입하여 발전해왔으니 말이다. 하지만 내가 과거의 나를 베끼는 순간 기획자로서의 자질은 끝난다. 그런 기획은 결과가 좋았다 해도 일종의 아편 같은 것이라 장기적으로 나를 해치기만 할 뿐이다. 과거의 부족한 나를 감각할 수 없기 때문이다.

우리가 지금 단단히 서 있기 위해서라도 과거를 아는 것은 중요하다. 과거를 아는 것은 지금 단단히 서 있기 위한 조건이다. 타자로서 자기 자신, 자기 삶을 하나의 전체로서 이해할 때, 시간을 통과하며 나아가는 하나의 연속체로, 이야기로, 통일된 서사로 이해할 때 비로소 우리는 성장할 수 있다.

성장의 그릇을 파악하는 좋은 잣대로는 피드백에 대한 수용 태도가 있다. 프로젝트를 따내거나 공모전에서 수상을 하는 것은 성장이다. 하지만 수상하지 못한 경험도 성장이라 여기지 못해선 곤란하다.

또한 수많은 기획회의를 다양한 사람들과 하다 보면 반대 의견을 대하는 태도만으로 자존감이 높은 사람과 자기애가 높은 사람을 구분할 수 있게 된다. 앞서 말한 역치와 같다. 자존감이 높은 사람의 경우, 반대 의견이 더 나은 결과를 위한 것임을 알기에 자신에 대한 공격으로 간주하지 않는다. 처음부터 반대 의견이라기보다 다양한 의견으로 여긴다. 이들은 반대 의견이 더 논리적이라면 주저 없이 수용하거나 논리적 정합성이 떨어지면 반대 의견을 설득하기 위해 데이터를 더 정교히 한다. 어떤 형태로든 프로젝트는 더 나은 결과를 내게 된다는 점에서 같다.

반면 자기애가 높은 사람은 어떨까. 반대 의견을 나에 대한 공격으로 간주해서 수용하지 못한다. 흥미로운 점은 이들의 다음 행동이다. 자존감이 높은 이가 수용을 하거나 논리성을 더 갖추려는 것에 반해 자기애가 높은 사람은 "내 말이 맞지 않아?"라며 내 편을 들어줄 사람을 모은다. 기획은 다수결이 아님에도, 내가 얼마나 많은 지지를 받고 있느냐를 통해 우월함을 입증하려 한다. 내 편을 모아서 나를 증명하는 태도는 중학교 정도를 졸업하면서 바로 버리는 게 좋다. 잊지 말자. 피드백에 대한 수용의 크기가 한 인간의 성장의 크기다.

성장을 위해 꼭 필요한 습관은 '복기'다. 경기 한 판을 두고 난 다음 다시 처음 과정 그대로 두어보는 것을 뜻하는 바둑 용어다. 기획에서는 '리뷰'라고도 하고 요즘엔 개발자 용어를 빌려 '회고'라도 하는데 뭐라 부르든 상관없다.

요즘은 어떤 분야든 비즈니스의 변동성 주기가 짧아지고 있다. 당연히 지금 훌륭한 기획자가 앞으로도 훌륭한 기획자일 거란 보장이 없는 시대다. 그래서 요즘 세상은 한 번의 훌륭한 기획보다 이 기획력을 꾸준히 만들어낼 수 있는 항상적 시스템에 더 관심이 많다. 당연히 후자인 항상성이 더 귀한 자원이다. 복기는 이런 항상성을 부여한다.

복기는 다음과 같은 과정으로 이뤄진다.

첫째, 생각의 역추. '기획 아이디어가 어떤 과정을 통해서 나오게 되었는가'처럼 생각의 과정을 역으로 추적해본다. 그 과정에서 평소 내가 써보지 않았던 아이디어 채굴 방식이 보이기도 하고, 문제 정의와 크리에이티브가 수미일관했는가를 들여다볼 수 있다.

둘째, 나의 역할. 혼자 일하는 기획자가 아니라면 보통 팀을 이뤄서 결과물을 낸다. 이때 나의 역할이 적절했는지와 그 역할에 충실했는지를 스스로 들여다보는 것은 훌륭한 복기의 자세다. '나는 이번 프로젝트에서 자료 조사를 맡았다'는 바람직한 복기가 아니다. '나는 이번 기획에서 왜 이런 소비자조사 방식을 사용했는가', '앞으로도 그 방식을 채택할 것인가', '그렇다면 그 이유는 무엇인가', '혹 아니라면 그 이유는 무엇인가?' 등의 질문이 훨씬 풍부한 성장의 바탕이 되어준다.

셋째, 아카이빙. 열정이라는 말은 매우 추상적이고 위험한 말이다. 열정에도 구체성이 필요하다. 가령 좋은 기획을 위해 어떤 노력을 했는지 구체적으로 말할 수 있어야 한다. 전문가를 만났거나 논문을 찾아 읽었을 수도 있고, 기업 관계자를 만나볼 수도 있을 것이다. 그리고 이런 노력들을 온라인이든 오프라인이든 구체적으로 아카이빙해두는 작업도 필요하다. 앞서 이야기한 항상성이란 것은 이런 루틴을 말한다.

좋은 기획은 밀도가 높다. 밀도가 높다는 것은 기획의 능수능란함을 말하는 것이 아니다. 과제로 주어진 대상에 대해 얼마나 깊게 또 한결같이 생각했는가를 말한다. 그건 사실 일을 대하는 자세에서부터 차이가 난다. 이 일은 오래

하다 보면 세련되어지고 표현 기법은 숙달되어 가지만 대신 열정은 식고 만다.

세계적 건축가 안도 다다오Ando Tadao는 이미 의뢰자들이 설계를 맡기고 싶어 줄을 서는 유명 건축가이면서 실패할지 모를 설계 공모 경쟁에 여전히 도전한다. 굳이 왜 공모 경쟁을 하느냐고 묻는 질문에 그는 이렇게 답한다.

"경쟁은 상당한 힘을 소진하고도 대부분 보답받지 못한다. 그렇지만 도전은 결코 헛되지 않았다고 생각한다. 창조라는 행위가 있다고 한다면 이런 실패의 축적이야말로 유일하게 그것을 가능하게 하는 방법이 아닐까? 무언가 만든다는 것, 새로운 가치를 구축하려는 행위의 대전제가 바로 이 싸움! 즉 도전을 계속하는 정신에 있다고 생각한다."

실패의 축적. 비단 건축가에게만 해당되는 이야기가 아니다. 대한민국 여자단체 배드민턴 국가대표에게 통곡의 벽이었던 중국을 항저우 아시안게임에서 29년 만에 꺾었을 때 기자가 대표팀 에이스 안세영 선수에게 물었다.

"늘 세계 랭킹 1위 중국 천위페이 선수를 넘지 못했는데 이번엔 중국 홈그라운드에서 그를 꺾었다. 비결이 있다면 무엇인가?"

그는 담담히 말했다.

"많이 이겨보진 못했지만 지면서 많이 배웠던 것 같아

요. 오히려 지면서 정말 많이 배우고 제가 더 발전할 수 있었어요."

'부엽토'라는 말을 좋아한다. 내게서 떨어진 낙엽이 다시 나를 자라게 한다는 부엽토의 원리를 보면 결국 성장이 어디에서 오는지 알려주는 것만 같아서다. 하긴 인간의 성장이나 식물의 성장이나 뭐가 그리 다르겠는가. 그걸 귀하게 여기는 마음과 아닌 마음이 있을 뿐이겠지.

기획자로 성장하며 겪은 시행착오가 많았다. 해야 하는 일 대부분은 내가 어려워하거나 잘 해내지 못하는 것들이었고 방법 역시 아무도 가르쳐주지 않았다. 어렵사리 체득한 배움은 이 일을 계속하지 않으면 대개 쓸모없는 것이었다. 체득한 배움도 대단하달 게 없었지만 배움의 과정은 지나치게 혹독했다. 혹독한 배움이 큰 효능감으로 돌아오는 것도 아니어서 그때마다 괴로웠다. 실패는 성공의 어머니란 소리는 조금도 날 위무하지 못했으며 '성장하고 있는 걸까'라는 생각을 하루에도 몇 번씩 했다. 그렇게 성장이 무엇인지 고민만 하다가 얼렁뚱땅 그 시절을 지나온 기분이지만 요즘도 가끔 생각한다.

'나는 그놈의 성장이란 걸 한 걸까.'

며칠 전 선배로부터 날 선 피드백을 듣고 자리로 돌아온 후배 동료에게 어설픈 위로를 한답시고 괜찮냐고 물었다.

"네, 괜찮습니다. 이건 업무에 대한 평가지, 나란 사람에 대한 공격이 아니란 걸 잘 알고 있으니까요. 프로라고 불리고 싶다면 그 둘을 구분할 줄 알아야 한다고 생각합니다."

예상치 못한 담백한 대답이었다. 미국 프로야구 메이저리그팀들이 수십 년을 고집했던 신인 발굴 시스템을 바꾸고 있다는 글을 얼마 전 읽었다. 과거 메이저리그는 위기 상황에서 팀을 구해내는 '필살기'를 확인하고 신인 투수를 뽑았지만 이젠 아니란다. 그럼 어떤 신인을 뽑을까. 오히려 위기 극복에 실패하더라도 다음 날 아무렇지 않게 마운드에 올라서는 루키를 더 높게 평가한다. 그 글에서 후배의 이야기가 겹쳐 올랐다.

실패와 자신을 분리해낼 줄 아는 거리감, 그런 실패를 독립적으로 받아들일 수 있는 자존감, 이번 결과가 아쉬우면 다음은 나을 것이란 확신, 조급해하지 않고 스스로를 다그치지 않는 평서문 같은 마음. 후배는 내게 성장이란 이런 것이라고 말하진 않았지만 성장의 밑절미가 후배의 대답 속에 모두 담겨 있었다.

몇 해 전 내가 있던 팀을 떠나 다른 회사로 이직한 팀원에게서 이런 문자메시지가 왔었다. 늘 성장에 갈증을 느끼던 팀원이었다.

'팀장님, 저 회사 또 옮겨요. 전 진득하게 일하며 전문성을 쌓아 뭔갈 이룰 인간이 못 되나 봐요.'

적당한 답을 찾지 못해 하루를 흘려보냈다. 뭐라고 답을 해야 할까? 축하한다고? 가서 잘하라고? 모두 적절한 답은 아닌 것 같았다. 예전의 나라면 '기왕 어렵게 옮긴 회사니 그래도 몇 년 버티면서 작은 결과라도 내어보지 그러니'라고 조언했을 테지만 그때와 지금의 나는 많이 달라져 있었다. 망설임 끝에 답을 썼다.

'뭔가를 이루기 위해 어딘가를 올라야 한다거나, 그러지 못하면 추락한다는 심정으로 살지 않아도 괜찮아. 삶을 그렇게 계곡처럼 대하는 이들에게 생은 늘 초라하거나 서럽단다. 그저 오늘은 여기 있다가 내일은 저기 어딘가에 있을지 모른다는 가벼운 심정으로 살아가렴. 생은 언덕이나 산이 아닌 평평하고 무한한 공간이며 그곳에서 하고 싶은 일을 제 나름의 최선을 다하면 그뿐이야.'

문자를 보내고 유럽의 접시닦이를 생각했다. 유럽에서 음악 공부를 하는 사람 중에 약간의 생활비라도 벌어보려고 접시닦이 일을 하는 사람들이 있는데, 이들이 설거지거리를 바라보는 태도는 크게 두 가지로 나뉜단다. '내가 비록 접시닦이지만 언젠가 멋진 피아니스트가 될 거야'라고 미래를 생각하며 지금을 참는 사람과 피아니스트라는 꿈이고 뭐고 어떻게 이 많은 접시를 신속하고 깨끗하게 닦을 것인지만 고민하는 사람이 있다고 말이다. 흥미로운 건 음악가로 성공하는 사람은 지금 닥친 일을 고민하는 후자였다. 이들은 먼 미래의 청사진보다 오늘의 과업에 최선을 다해 집중하는 사람이다.

내가 후배에게 하고 싶었던 이야기도 결국 그런 것 아니었을까. 꿈에 대한 열정도 필요하지만 생의 모든 순간이 꿈에 대한 집념으로만 이뤄질 순 없다. 오히려 사소하다 여겼던 순간들도 놓치지 않고 사랑하다 보면 삶은 어떤 형태로든 그 됨됨이와 생김새를 갖는다. 그런 의미에서 지나간 것들은 오늘 여기까지로 오는 길이었고 앞으로 놓인 시간 역시, 훗날 짐작 못 할 모습으로 삶에 무늬질 것이다.

각오

: 내어 보이겠다는 마음

야구에선 안타를 친 타자가 출발한 곳에서 다시 출발한 곳
으로 돌아와야 1점이다. 가끔 야구 규칙을 잘 모르는 이에
게 윷놀이에 빗대어 설명한다. 윷놀이 역시 말이 출발한 곳
으로 돌아와야 하니, 도착점이 시작점이라는 것에서 둘은
닮았다. 출발하지 않고는 도착할 수 없다. 출발이 중요하다.
각오는 기획자에게는 출발의 단어다.

　　종종 기획 관련 강의를 하는데, 개중에는 기획안을 하
나하나 뜯어고쳐주는 이른바 첨삭형 강의 요청도 많다. 다
른 이의 기획안을 첨삭한다는 것은 생각보다 쉬운 일이 아
니다. 형편없는 기획안을 솎아내고 바꿔보는 건 오히려 쉽

다. 그런데 이 기획안이 뭐가 문제인지, 어떻게 더 좋아질 수 있는지 쉽고 명확하게 설명하는 데에는 몇십 배의 에너지가 든다. 원포인트 레슨을 통해 나아지는 점이 아주 없진 않겠지만 사실 미봉책에 불과하다. 진짜 중요한 자세는 세상에 내보이겠다는 각오에 있기 때문이다.

　　우선은 부끄러움 속에서도 써야 한다. 기획을 잘 해내는 건 그 다음 문제다. 놀랍게도 이 지점을 간과하는 사람들이 무척 많다. 영화 〈스타워즈〉에서 제다이의 스승 요다는 주인공 루크를 훈련시키며 이렇게 말한다. "하거나, 안 하느냐만 있을 뿐, '해본다'는 것은 없다." 시도해보는 것은 없다. 하거나, 안 하거나 둘 중 하나일 뿐이다. 한국 속담에도 '하루 물림이 열흘 간다'는 비슷한 표현이 있다. 제 아무리 근사한 기획이라도 머릿속에 있는 것은 아무런 소용이 없다.
　　《작가의 마감》에는 나쓰메 소세키나 다니자키 준이치로 같은 작가들도 세상에 내놓기 직전의 순간 즉, 마감을 힘들어했다고 나온다. 그런 점에서 대작가들도 보통 사람들과 별반 다를 바 없는 존재였다. 왠지 묘한 안도와 유대가 느껴진다. 하지만 역시 가장 흥미로운 것은 천벌 같은 고행에도 '계속 쓰는 이유'였다. 늘 마감에 시달리는 일을 하는 나 역시 그 이유를 잘 안다. 마감을 마치고 난 뒤의 날

아갈 듯한 기분은 뭐라고 형언하기 힘들다. 정해진 시간에 약속한 퀄리티의 기획을 끝내고 얻는 홀가분한 만족감, 그리고 다시 다음 제안에 착수하고 싶다는 신선한 의욕이 없다면 기획은 아니, 모든 일은 고문에 불과할 것이다.

일과 놀이의 큰 차이는 이처럼 타인의 평가 즉, 타인의 관여 여부에 있다. 김연아는 올림픽 무대가 끝나면 울지만, 갈라쇼에서는 웃는다. 타인의 관여가 있고 없고의 차이다. 마감이 힘든 이유도 비슷하다. 나와의 약속이 아닌 타인과의 상호약속이기 때문이다. 나의 모든 정체성은 내 안에 있지만 적어도 일에 있어서만큼은 타인과의 관계와 평가 속에 내가 규정되는 경우가 훨씬 많다. 내 마음대로 써서 내 마음대로 제출하는 기획서는 없으니까 말이다. 좋은 기획자로 인정받는 건 스스로에 의해서가 아닌 타인에 의해서다. 타인과 나 사이에 보수가 오고가는 일에는 자유가 없다. 조금 잔혹하게 말하자면 돈이 오가지 않고 마감이 없는 일을 한다는 것은 자유를 누리는 것이 아니다. 그건 프로들의 세계에서 멀어진 것이다.

기획을 필생의 과업이라고 생각해본 적은 없다. 잘해야 한다는 생각보다 '우선은 한번 써보기나 하자'는 생각으로 시작했다. 결과가 어찌되든 시작이 중요하다 생각했고, 지금도 그게 답이라 여긴다. 고민해볼수록 그랬고 이 일을 하다 보니 점점 더 맞는 것 같다. 지혜라고 부를 수 있을지 모르겠지만 완벽한 기획이란 것이 애초에 불가능하다는 걸 이제는 잘 아니까. 그때그때 최선을 다하고, 마음에 좀 안 들면 다음에 더 좋은 기획을 쓰려 노력한다. 완벽의 경지를 지향하면 꼭 엄청난 결심을 하게 되고, 자신도 알 수 없는 어떤 '무엇'을 기다리며 결심의 순간이 올 때까지 시간을 허비한다. 일단 지금 한번 열심히 써보고, 나중에 시간이 나면 더 좋게 도전해보면 될 일이다.

내게 무엇이 부족한지도 세상에 내놓을 때라야 비로소 알 수 있다. 이 사전의 마지막 단어가 '각오'인 이유도 여기에 있다. 더 정확하게 말하면 '평가받을 각오'다. 이것은 세상에 내놓았을 때 외면을 받을 각오도 하겠다는 뜻이다. 외면을 받을 수 있다. 하지만 정진하기를 멈추지 않는다면 복잡한 연결망을 타고 끝내 나의 기획은 필요한 누군가에게 가닿을 것이다. 이런 확신 또한 마음에 잘 품길 바란다. 이 책에서 이야기한 모든 단어의 뜻을 깨달았다 하더라도 결국 세상에 내놓을 각오를 만나지 못하면 영원히 미완이다.

내 결과물이지만 내어놓은 후엔 내가 어찌할 도리가 없는 시간이 찾아온다는 사실도 명심하자. 도자기를 보라.

도자기는 많은 과정을 거쳐 만들어지지만 도예가가 모든 순간에 관여할 수 없다. 흙을 고르고 모양을 만든 후 물레를 돌려 무늬를 새기고 유약을 바른 후 소성 과정을 거치지만 가마에 들어가 불 속에서 완성되는 '불의 시간'까지 도예가가 어떻게 할 수 없다. 최선을 다하되, 완성은 불에 맡긴다. 많게는 20시간 이상 불의 시간이 더해지기도 한다. 수고는 사람이 하지만 완성은 도예가의 몫이 아닌 셈이다. 유약이 어떤 빛과 문양으로 완성될지 모른다. 다만 기다릴 뿐이다. 당연히 예상한 빛깔이 나오지 않아 실망하기도 하지만 한편으로 의도치 않은 뜻밖의 신비로운 문양을 얻기도 한다. 그저 최선을 다할 뿐이다.

책도 마찬가지다. 쓰는 것은 작가지만, 해석은 독자의 몫이다. 작가의 의도가 아무리 그렇지 않다고 이야기해본들 독자가 해석을 그리했다면 그런 책으로 남게 된다. 의도를 장황하게 설명하는 사람이 아마추어인 이유도 여기에 있다. 타인의 관여처럼 내가 어찌할 수 없는 시간이 존재한다는 사실을 받아들여야 한다.

그래서 기획자가 되려는 이들은 타인의 피드백을 회피하지 말아야 한다. 피드백을 회피하는 이유는 대개 그 피드백을 실현하기 어려워서가 아니다. 마주하기 불편해서다. 하지만 작품을 완성시키는 것이 도예가가 아니듯 피드백

속에 뜻밖의 깨달음이 있거나 다음 기획에 큰 도움을 줄지 모른다. 그렇게 볼 때 피드백은 비판이 아닌 보상이다.

실망스러운 평가를 두려워하는 후배들에게 젓가락을 왕왕 선물한다. 자전거를 처음 배울 땐 무척 까다롭다. 심지어 두렵기까지 하다. 페달을 어떻게 밟아야 하고, 체인의 힘은 어디로 전달되며, 균형은 어떻게 잡아야 할지 신경을 써야 할 부분이 한두 가지가 아니다. 하지만 막상 자전거 타기가 익숙해지면 어떤가. 몸이 무의식적으로 기억하니 자전거를 타면서 딴 생각을 하기도 하고 음악을 듣기도 한다. 처음 배울 땐 상상도 못 할 일이다. 어디 자전거뿐이랴. 수영, 운전, 피아노 등 시작은 매우 어렵지만 어느 순간 삶에 대단한 유익으로 자리 잡은 후 내가 무서워했다는 사실조차 잊는 일들이 차고 넘친다.

젓가락질도 그렇다. 처음 배울 땐 어디에 손가락을 대고 손마디 어디를 굽혀야 하는지 고민이지만, 막상 익숙해진 후에는 젓가락을 쓸 때마다 그런 고민을 하는 이는 없다. 이것이 젓가락을 선물하는 이유다. 지금의 힘겨움이 언젠가 성장의 밑절미가 되어 습관화된 지식으로 이어지길, 몸에 달라붙어 떨어지지 않길 바라는 마음으로 젓가락을 선물한다.

크레딧 속 한 줄의 이름에게

아직도 CD로 음악을 듣는다. 스마트폰으로 언제 어디서든 손쉽게 원하는 곡을 재생할 수 있는 시대란 걸 알지만 가급적이면 앨범을 꺼내 트레이에 집어넣는 번거로움을 선택한다. 심지어 AI가 '혹시 이 곡은 어떠냐'며 취향저격 추천까지 해주는 시대지만 가급적이면 원하는 뮤지션의 이름을 찾아 앨범을 꺼내 트레이에 넣고 얼마간의 정적을 흘려보내야 하는 수고로움을 택한다. 음질이나 소장 가치 혹은 낭만 때문이냐, 묻는다면 오히려 그런 것엔 좀 무심한 편이다.

CD는 첫 번째 트랙부터 마지막 트랙까지 창작자가 원했던 순서와 방향으로 들어야만 하는 매체다. 별거 아닌 것 같아도 뮤지션과 프로듀서가 이 순서로 들어주십사 하는 의도가 담긴 것이다. 이 또한 훌륭한 기획이다.

음반이나 광고기획 같은 화려한 일부터 길에서 나눠주는 개업 전단까지, 세상에 모든 것이 기획이라는 사실을 깨닫는 것은 기획자로서 매우 중요하다. 광고대행사 카피라이터가 만든 캐치프레이즈든, 구직자의 이메일이든, 남편에게 남기는 쪽지라 해도 상대에게 내 의견을 전달해 설득하는 목적이라면 넓은 의미에서 모두 기획이다. 대상에게 의도가 있는 글을 쓰기 때문이다.

CD를 좋아하는 두 번째 이유를 말하기 전에 한 건축가 이야기를 하고 싶다. 오사카, 교토 등 간사이 지역을 여행하는 사람들이 거의 필수적으로 경험하는 건물이 바로 JR 교토역이다. 풍부한 채광과 편리한 이용자 동선, 동시에 전통 도시 교토의 미관을 해치지 않는 디자인까지 JR 교토역은 건축학도에게 좋은 교재다. 이 건물을 디자인한 이가 안도 다다오다. 대학도 졸업하지 못한 복서 출신 건축가 이야기는 꽤 알려진 스토리니 여기서 반복하진 않아도 되겠다.

나는 안도의 이런 이야기보다 그가 후배들을 위해 쓴 책을 좋아하는데 그의 책을 읽다 보면 늘 두 사람에 대한 감사가 나온다. 안도는 책이나 인터뷰에서 결국 일이란 스스로 부딪히고 이겨내는 것이란 확고한 신념을 가지고 있다 (그래서 요즘 기준으로 안도 다다오의 기사를 읽다 보면 좀 너무하다 싶을 때가 있는데 가령 해외 출장을 신입사원 혼자 보내고 필요한 제도용구는 개인이 벌어서 구매한다는 지론 같은 게 그렇다. 건축사무소 직원에게 제도용구를 사라는 건 군인에게 총을 개인이 구매해서 오라는 말과 다름없다). 그런 안도가 고마워하는 두 사람이 있다.

첫째, 자기에게 일을 줬던 사람. 지금이야 세계적 건축가지만 대학도 나오지 않은, 내세울 것도 없고, 이렇다 할 실적도 없는 건축가에 선뜻 설계를 맡기는 이가 없었는데, 안도는 지금도 그때 처음으로 자신에 일다운 일을 의뢰한 부부에게 고마워한다.

둘째, 긴 세월 자신의 까다로운 설계를 건물로 완성해준 시공사. 나오시마라는 섬에 가면 그의 역작인 지중미술관을 포함한 다양한 안도의 건축을 경험할 수 있다. 이 나오시마 공사 기간은 무려 22년이었다. 안도는 자신의 책에서 공사를 담당한 카시마 건설에 깊은 감사를 표하고 있다.

가끔 광고주가 모든 영광을 차지하는 것에 대해 마뜩잖아 하는 후배를 만난다. 그 마음 모르는 바 아니다. 하지만 광고라는 업 역시 건축처럼 백락일고伯樂一顧의 생태계다. 일을 주는 사람이 있고, 하나의 캠페인을 성공시키기 위해 숱한 이들이 노력해야 한다. 건축과 다를 바가 없다. 어느 문학평론가의 말마따나 상대는 단순하게 나쁘고 나는 복잡하게 착하면 좋겠지만 그런 세상은 없다. 들여다보면 모두 제 할 말이 있는 상대성의 판이 이곳이다. 영화 〈7인의 사

무라이)를 제작한 일본 영화의 거장 구로사와 아키라^{黑澤明}
감독도 비슷한 이야기를 했다.

"저와 함께 일하는 스태프들이 모두 정말로 더없이 소
중한 보배라고 할 만합니다. 제가 말하지 않아도 생각하는
대로 작업에 임해줍니다. 그분들이 있기에 비로소 제 작품
이 탄생하는 것이죠."

CD로 음악을 듣는 두 번째 이유가 여기에 있다. 바로
하나의 음반을 만들기 위해 노력한 사람들이 궁금하기 때
문이다. 스트리밍으로 음악을 들을 때는 결코 알 수 없는
세계다. 모던재즈 레이블 ECM은 재킷 사진을 찍은 작가와
커버 디자이너의 이름까지 음반에 꼭 기록한다. 유명 클래
식 레이블 도이체 그라모폰은 프로듀서, 톤 마스터, 리코딩
엔지니어의 이름을 모두 올려놓는다. 리코딩 엔지니어의
경우 보통 서너 명 정도 되는데 전부 이름이 올라간다. 여
기에 오디오 컨설턴트는 물론, 앨범 재킷에 베토벤의 초상
화가 들어갔다면 화가의 이름도 알 수 있다. 모두가 스마트
폰으로 음악을 듣는 시대엔 결코 알 수 없는 이름들이다.

그래서 CD를 사라는 이야기냐고? 그럴 리가. 백락일
고, 꼭 음악이 아니어도 좋으니 작품 하나에 깃든 보이지
않는 여러 사람의 노고를 아는 사람으로 늙고 싶다는 거다.

기획을 주도하는 사람을 이 바닥에서 일본식 표현으로

'마도' 잡는다고 한다. '마도구치ҕどぐち'라는 일본어에서 온 표현으로 '입구'란 뜻이다. 일본 여행을 할 때 마주치는 JR 티켓 창구가 초록색인데, 이를 미도리 마도구치라고 한다. 광고마케팅에 일본 문화가 많이 퍼져 있어 이런 식의 표현이 많다. 기획을 주도하는 사람을 일컬어 마도 잡는다고 표현하는 이유가 뭘까. 이끈다거나 총괄한다는 표현도 있을 텐데 왜 하필 '창구'라는 표현을 쓸까. 기획은 공동 작업이고 많은 재능들의 총합이기 때문이다. 공동의 작업이란 것을 아는 것은 기획자에게 매우 중요하다. 사이좋게 지내라거나 착한 사람이 되라는 얼멍얼멍한 소릴 하는 게 아니다.

기획은 늘 의견과 의견이 맞부딪치며 불꽃이 튀는 과정이다. 이때 필요한 것이 저 사람을 내 사람으로 만드는 설득력이다. 논리적으로 이기는 것도 중요하지만 인간적으로 저 사람의 심정이 되어보는 것 역시 매우 중요하다. 산 정상에 올라 사람들을 내려다보는 듯한 무시와 분노의 태도는 삼간다. 기획회의는 나의 직관을 밀어붙이는 힘도 중요하지만 합의점을 찾는 노력도 필요하다. 상대방의 생각이 옳고 현명하다는 기분도 들게 해야 한다. 어려운 일이겠지만 겸손해야 한다. 내가 생각한 해법도 있지만 그 해법에 결점도 있음을 인정하는 것이 좋다. 우리는 싫어하는 사람이 아니라 호감을 느끼는 사람에게 설득된다.

그게 나를 낮추는 행위라고 생각할 필요도 없다. 타자를 인정한다는 것은 나를 낮추거나 버리는 행위가 아니다. 패배는 더더욱 아니다. 오히려 새로운 타자를 만나는 행위는 내가 몰랐던 새로운 세계를 만나는 굉장히 스릴 있는 일에 가깝다. 타자와의 교류는 역설적으로 나를 깨닫는 방법이 되기도 한다. 앞서 객관화가 기획자에게 매우 중요하다고 언급했는데 우리는 타자를 받아들이려는 노력을 통해 자신을 발견하기도 한다. '타자와의 교류를 싫어하는 나' 역시 '타자'와 마주치지 못하면 발견할 수 없다.

책을 쓰며 정말 많은 도움을 받았다. 책 속에 등장하는 주요 프로젝트를 함께해준 대학내일 인사이트 플래닝팀 동료들, 책은 저자 혼자 만들 수 없다는 걸 제대로 알려준 수오서재 최민화 팀장님, 지금 이 글을 쓰는 동안에도 키보드 옆에 웅크리고 앉아 가르릉대는 고양이들, 무엇보다 책은 누구나 쓸 수 있지만 좋은 책은 좋은 사람이 쓴다고 늘 일러준 혜민에게 고마움과 존경을 전하고 싶다.

이력履歷이라는 한자에서 '이'는 신발을 뜻한다. 그러니까 이력서를 보겠다는 건 직역하면 지금 당신의 신발 모습 즉, 해온 일의 결과를 보겠다는 소리다. 앞으로 신을 신발이나 신고 싶은 신발 따위에 관심을 주는 프로의 세계는 없다. 기획도 그렇다. 과정을 평가받지 않는 일이다. 짧게는 몇 주, 길면 몇 달 가까이 준비한 경쟁도 수주하지 못하면 모든 게 없던 일이 되는 경우가 허다하다. 세계적 광고인이라고, 많은 구성원이 땀을 흘렸다고 경쟁 프레젠테이션을 거저 이기는 경우 따위는 없다. 잔인하지만 오로지 결과다.

탁상 위 일정표에는 수많은 클라이언트들의 이름과 반딧불처럼 형광펜으로 표시된 '마감', '경쟁', '탈락' 등의 단어 몇 개가 징검다리처럼 늘어서 있다. 그리고 그 속에 하루하루를 안쓰럽게 건너가던 내가 있다. 그런 세상에 있다 보니 나의 치열함이 타인에게 상처가 될 수 있다는 사실이 때론 나를 슬프게 한다.

과정을 따듯하게 위로하는 것만으로 이길 수 있다면 나부터 나서서 천 번이고 만 번이고 동료를 위로해줄 수 있지만 그런 위로로 이길 수 있는 경합 같은 건 존재하지 않는다. 자꾸 미루고만 싶고 자신의 기획서가 형편없게 느껴지지만 그럼에도 이걸 좀 하고 싶다는 마음은 비단 당신만 느끼는 것이 아니다. 기획에 필요한 마음가짐의 순서가 있다면 결과로만 평가받는 일의 무서움을 아는 것부터다. 뒤미처 '그럼에도 해보겠다'는 마음을 품는 것이 두 번째다. 다른 길은 없다.

후생가외後生可畏!

당신을 응원한다.

기획자의 사전

기획자가 평생 품어야 할 스물아홉 가지 단어

1판 1쇄 인쇄   2024년 11월 22일
1판 1쇄 발행   2024년 12월 10일

지은이	정은우
발행처	수오서재
발행인	황은희, 장건태
책임편집	최민화
편집	마선영, 박세연
마케팅	황혜란, 안혜인
디자인	피포엘
그림	정은우
제작	제이오
주소	경기도 파주시 돌곶이길 170-2 (10883)
등록	2018년 10월 4일(제406-2018-000114호)
전화	031)955-9790
팩스	031)946-9796
전자우편	info@suobooks.com
홈페이지	www.suobooks.com
ISBN	979-11-93238-47-9 03320 책값은 뒤표지에 있습니다.

도서출판 수오서재守吾書齋**는 내 마음의 중심을 지키는 책을 펴냅니다.**